LA GEOPOLÍTICA DEL AGUA

Una mirada Geográfica Sobre el Tema

JOSÉ RUIZ WATZECK

WATZECK HOME STDUDIUS DIGITAL

CONTENIDO

Página del título

Derechos de autor

PREFACIO — 3

INTRODUCCIÓN — 5

LA RELACIÓN HISTÓRICA ENTRE LA ENERGÍA Y EL AGUA — 7

LA SOBERANÍA DE UN PAÍS BAJO LA ÉGIDA DEL AGUA — 11

EL PODER INTERNACIONAL DEL AGUA — 14

EL AGUA COMO RECURSO ESTRATÉGICO: DISPUTAS POLÍTICAS Y MILITARES. — 22

EL AGUA COMO RECURSO ECONÓMICO: COMERCIO INTERNACIONAL, MERCADO FINANCIERO E INVERSIONES. — 28

EL IMPACTO DEL CAMBIO CLIMÁTICO EN LA DISPONIBILIDAD DE AGUA: ESCASEZ, SEQUÍA E INUNDACIONES — 31

GESTIÓN Y GOBERNANZA DEL AGUA: POLÍTICAS PÚBLICAS, LEGISLACIÓN Y ACUERDOS INTERNACIONALES — 35

USO DEL AGUA EN LAS CIUDADES: ABASTECIMIENTO, SANEAMIENTO Y CALIDAD DE VIDA. — 40

EL AGUA EN LA INDUSTRIA: PRODUCCIÓN DE ENERGÍA, MINERÍA Y MANUFACTURA. — 43

USO DEL AGUA EN LA AGRICULTURA: RIEGO, PRODUCCIÓN DE ALIMENTOS E IMPACTOS AMBIENTALES. — 47

LAS PRINCIPALES CUENCAS HIDROGRÁFICAS DEL MUNDO — 52

LAS PRINCIPALES CUENCAS HIDROGRÁFICAS DEL BRASIL 55

ACUÍFERO ALTER DO CHÃO 64

ACUÍFERO GUARANÍ 67

EL RÍO HAMZA 71

ACCIÓN ANTRÓPICA Y TRAGEDIA ECOLÓGICA EN EL MAR DE ARAL 74

LA MORFOLOGÍA DE LOS CANALES DE LOS FLUVIOS 78

GEOPOLÍTICA DEL ALIVIO Y DEL AGUA 81

LA GEOPOLÍTICA DEL AGUA Y EL CLIMA 84

EL MERCADO DEL CARBONO 87

CONSIDERACIONES FINALES 96

REFERENCIAS BIBLIOGRÁFICAS 99

Acerca del autor 101

La Geopolítica del Agua

Una mirada Geográfica Sobre el Tema

2da Edición
WATZECK HOME STDUDIUS DIGITAL

JOSÉ RUIZ WATZECK – DOCENTE Y GEÓGRAFO

PREFACIO

La obra "La geopolítica del agua: una mirada geográfica al tema" tiene como objetivo explorar las intrincadas relaciones entre los recursos hídricos y las dinámicas territoriales, políticas y económicas que configuran el escenario global. En este libro analizamos las implicaciones geopolíticas del agua en diferentes contextos regionales, examinando tanto los conflictos históricos como los contemporáneos. La geopolítica del agua surge como un tema extremadamente complejo, que exige un enfoque multidisciplinario que integre perspectivas ambientales, sociales, económicas y políticas. En este escenario, la Geografía se destaca como una disciplina esencial, al investigar las interacciones entre el agua y el espacio geográfico, considerando las especificidades de cada región y los múltiples factores que influyen en la gestión y distribución de los recursos hídricos.

La distribución espacial del agua está condicionada por una combinación de factores naturales y antropogénicos. Elementos como la precipitación, la topografía y el clima determinan la disponibilidad natural del recurso, mientras que las prácticas humanas —como la ocupación de la tierra, la urbanización acelerada y el uso intensivo para la agricultura, la industria y el consumo doméstico— influyen en su accesibilidad y calidad. Sin embargo, la escasez de agua no se manifiesta de forma homogénea. Regiones como Oriente Medio y el Norte de África enfrentan desafíos críticos debido a la baja disponibilidad de agua natural y la creciente demanda asociada al desarrollo económico y el crecimiento demográfico. Por otro lado, zonas como Sudamérica y partes de Asia, si bien cuentan con volúmenes importantes de agua, enfrentan problemas de gestión ineficiente, contaminación y desigualdad en la distribución.

La gestión sostenible de los recursos hídricos es uno de los mayores desafíos del siglo XXI, que requiere no sólo soluciones técnicas, sino también cooperación internacional y una gobernanza eficaz. En este contexto, la Geografía ofrece herramientas analíticas indispensables para identificar regiones vulnerables, comprender las dinámicas territoriales que alimentan los conflictos y proponer estrategias que equilibren las necesidades humanas y los límites ecológicos. Además, el enfoque geográfico contribuye al desarrollo de políticas públicas que consideren las particularidades locales y la dimensión espacial en la gestión del agua, promoviendo prácticas más equitativas y sostenibles.

Este trabajo busca, por tanto, resaltar el papel central de la Geografía en la comprensión de la geopolítica del agua. Al analizar la dinámica territorial y los conflictos asociados a los recursos hídricos, los geógrafos pueden ofrecer información valiosa para construir soluciones que garanticen un acceso justo y equitativo al agua, un recurso vital para la supervivencia humana y el mantenimiento de los ecosistemas. En un mundo marcado por el cambio climático, las presiones poblacionales y las crecientes tensiones geopolíticas, la reflexión sobre la geopolítica del agua se vuelve no sólo relevante, sino urgente.

INTRODUCCIÓN

El agua, elemento esencial para la vida, es también un recurso estratégico de creciente importancia a nivel mundial. Su disponibilidad y distribución están intrínsecamente ligadas a la dinámica natural y humana, que varían significativamente entre las distintas regiones del planeta. Mientras que algunas zonas disfrutan de abundante agua, otras enfrentan una escasez crítica, agravada por factores como el cambio climático, el crecimiento de la población y las demandas económicas. Esta disparidad no sólo afecta a los ecosistemas y comunidades locales, sino que también alimenta disputas geopolíticas que trascienden las fronteras nacionales, convirtiendo el agua en un tema central en las discusiones sobre seguridad, sostenibilidad y cooperación internacional.

En este trabajo, "La geopolítica del agua: una mirada geográfica al tema", proponemos un análisis comprensivo de las complejas interacciones entre los recursos hídricos y las dinámicas territoriales, políticas y económicas que configuran el mundo contemporáneo. La geopolítica del agua surge como un campo de estudio multidisciplinario, que requiere la integración de conocimientos geográficos, ambientales, sociales y políticos para comprender los desafíos y conflictos asociados a la gestión de este recurso vital. La geografía, con su capacidad de analizar las relaciones entre el espacio y las actividades humanas, ofrece una perspectiva única para investigar cómo el agua influye y es influenciada por las estructuras de poder, las desigualdades regionales y las estrategias de desarrollo.

A lo largo de este trabajo, exploraremos casos emblemáticos de conflictos y cooperación relacionados con el agua en diferentes regiones del globo, desde Medio Oriente, donde las disputas por cuencas hidrográficas son históricamente tensas, hasta Sudamérica, donde la abundancia de recursos hídricos contrasta con problemas de gestión y acceso desigual. También examinaremos el papel de los actores internacionales, como las organizaciones multilaterales y las empresas transnacionales, en la mediación de disputas y la promoción de prácticas sostenibles. Además, discutiremos cómo el cambio climático y la presión sobre los ecosistemas hídricos están redefiniendo los contornos de la geopolítica del agua, exigiendo respuestas innovadoras y colaborativas.

Este libro no trata sólo de diagnosticar problemas; Busca contribuir al debate sobre soluciones. Al analizar la dinámica territorial y los conflictos asociados a los recursos hídricos, buscamos ofrecer perspectivas que puedan informar las políticas públicas, fomentar la cooperación internacional y promover una gestión del agua más justa y sostenible. En un mundo donde la escasez de agua se está convirtiendo cada vez más en una realidad para millones de personas, comprender la geopolítica del agua no es sólo una cuestión académica, sino una necesidad urgente para garantizar un futuro viable para las generaciones futuras.

LA RELACIÓN HISTÓRICA ENTRE LA ENERGÍA Y EL AGUA

La relación entre el agua y la energía es tan antigua como la propia organización de las sociedades humanas. Desde los albores de la civilización, los recursos hídricos han desempeñado un papel central en el desarrollo económico, político y cultural. Las primeras comunidades sedentarias se asentaron cerca de ríos, lagos y otros cuerpos de agua, utilizándolos para actividades esenciales como riego, pesca, navegación y abastecimiento. Sin embargo, el agua no sólo era un recurso vital para la subsistencia; También se convirtió en una herramienta de poder, utilizada para consolidar imperios, controlar poblaciones e influir en la dinámica geopolítica.

En la antigüedad, civilizaciones como Sumeria y Egipto ya demostraron la importancia estratégica del agua. En Mesopotamia, región situada entre los ríos Tigris y Éufrates, el control sobre los recursos hídricos fue fundamental para el desarrollo de las primeras ciudades-estado. La construcción de diques y canales permitió la distribución controlada del agua para la agricultura y el abastecimiento urbano, consolidando el poder de las élites locales. La importancia del agua era tan grande que, en la mitología mesopotámica, el dios Enki, señor del agua dulce, ocupaba un lugar central en el panteón divino.

En la antigua China, el agua también jugó un papel crucial en la consolidación del poder imperial. La construcción de grandes obras hidráulicas, como el Gran Canal, que conectaba los ríos Amarillo y Yangtsé, requirió enormes recursos humanos y financieros. Estos proyectos no sólo facilitaron el transporte y el riego, sino que también reforzaron el control político sobre la población, demostrando la capacidad del Estado para movilizar esfuerzos colectivos a gran escala.

A lo largo de la historia, el control sobre los recursos hídricos ha permitido la formación y expansión de imperios. El Imperio Romano, por ejemplo, construyó una extensa red de acueductos para abastecer sus ciudades y territorios conquistados, asegurando el desarrollo urbano y el mantenimiento del poder central. Asimismo, el Imperio Persa invirtió en sistemas de irrigación y gestión del agua para sostener su agricultura y consolidar su dominio sobre vastas regiones.

Con la llegada de la Revolución Industrial, el agua adquirió un nuevo papel como fuente de energía. La construcción de centrales hidroeléctricas y represas lo ha convertido en un factor crítico para el desarrollo económico y político. Países como Estados Unidos y Rusia han invertido mucho en infraestructura hídrica para impulsar la industrialización y la agricultura a gran escala. Sin embargo, estos proyectos a menudo generaron impactos ambientales y sociales, como el desplazamiento de comunidades y la alteración de los ecosistemas.

A finales del siglo XX, la privatización del agua se convirtió en un tema controvertido. Las empresas multinacionales comenzaron a adquirir concesiones para explorar y suministrar agua en varios países, generando acalorados debates sobre la naturaleza de este recurso. Mientras algunos defendieron la gestión privada como forma de aumentar la eficiencia, otros argumentaron que el agua es un bien común y esencial para la vida, que debe ser gestionado por el Estado. En diversas partes del mundo han estallado protestas y conflictos sociales que ponen de relieve la tensión entre los intereses económicos y los derechos humanos.

Hoy en día, la escasez de agua y las disputas por los recursos acuáticos se han convertido en problemas cada vez más complejos y urgentes. El cambio climático, el crecimiento poblacional y la expansión de las actividades económicas han intensificado la presión sobre los recursos hídricos, generando conflictos en varias regiones. Un ejemplo emblemático es la disputa por el río Nilo, que atraviesa varios países africanos. La construcción de la Gran Presa del Renacimiento por parte de Etiopía ha creado tensiones con Egipto y Sudán, que dependen del río para la agricultura y la seguridad hídrica.

En Oriente Medio, la escasez de agua es un factor crucial en las relaciones políticas. La disputa entre Israel y Palestina por el control de fuentes de agua, como los acuíferos de Cisjordania, es uno de los principales puntos de conflicto en la región. Además, la construcción de represas en países como Turquía, Irán y Siria afecta la disponibilidad de agua para naciones río abajo como Irak y Jordania, exacerbando las tensiones geopolíticas.

En Asia, la crisis del agua en la India ilustra los desafíos asociados con la gestión inadecuada de los recursos hídricos. La sobreexplotación de los acuíferos, la falta de infraestructura y los efectos del cambio climático han provocado conflictos entre estados indios que compiten por el acceso a ríos como el Ganges y el Cauvery. En China, el rápido crecimiento económico ha ejercido presión sobre los recursos hídricos, y la construcción de presas y la contaminación de los ríos han generado impactos ambientales y sociales. El ambicioso proyecto de transferir agua del sur al norte del país, aunque necesario, ha suscitado preocupaciones sobre sus efectos en las regiones donantes.

En Brasil, la abundancia de recursos hídricos contrasta con importantes desafíos de gestión. A pesar de tener una de las mayores reservas de agua dulce del mundo, el país enfrenta escasez en regiones como el Nordeste, donde la sequía es un problema crónico. La rápida urbanización y la contaminación de ríos y embalses agravan la situación, especialmente en las zonas periféricas y rurales. La Agencia Nacional del Agua (ANA) desempeña un papel central en la gestión de los recursos hídricos, pero la implementación de políticas a menudo es insuficiente, lo que pone de relieve la necesidad de un enfoque más integrado y sostenible.

La Amazonía, a su vez, enfrenta desafíos únicos relacionados con la exploración mineral, la deforestación y la construcción de plantas hidroeléctricas, que impactan los ecosistemas acuáticos de la región. La adopción de prácticas agrícolas sostenibles, la inversión en saneamiento básico y la promoción de la participación social son medidas esenciales para garantizar la gestión equitativa y sostenible de los recursos hídricos en el país.

En un mundo cada vez más marcado por la escasez de agua, la relación entre el agua y la energía sigue configurando la dinámica geopolítica. El acceso al agua se utiliza a menudo como herramienta de control, exacerbando las desigualdades y los conflictos. Por tanto, la gestión sostenible y equitativa de los recursos hídricos no es sólo una cuestión técnica, sino un imperativo ético y político, esencial para garantizar la paz y la seguridad mundiales.

LA SOBERANÍA DE UN PAÍS BAJO LA ÉGIDA DEL AGUA

El agua es un recurso esencial para la supervivencia humana y el desarrollo económico de cualquier nación. Su disponibilidad no sólo sustenta la vida, sino que también determina la capacidad de un país para garantizar la seguridad alimentaria, generar energía y promover el crecimiento industrial. En este sentido, el agua trasciende su función biológica y asume un papel estratégico, influyendo en la soberanía y el poder nacional. La gestión eficiente de los recursos hídricos, por tanto, es un pilar fundamental para la estabilidad política, la seguridad interna y la proyección internacional de un Estado.

A nivel nacional, el agua es una cuestión de seguridad nacional. La escasez de agua puede desencadenar conflictos sociales y políticos, especialmente en regiones donde el acceso a este recurso es desigual. Las disputas por el control de cuencas fluviales, acuíferos y fuentes de agua a menudo exacerban las tensiones entre diferentes grupos étnicos, comunidades o incluso estados federados. En Brasil, por ejemplo, la competencia por el agua en el nordeste semiárido ha sido una fuente histórica de conflictos, mientras que en la India, las disputas interestatales por ríos como el Cauvery y el Ganges ilustran cómo la mala gestión del agua puede socavar la cohesión nacional.

En el escenario internacional, la posesión de recursos hídricos confiere poder geopolítico. Los países con grandes reservas de agua dulce, como Brasil, Rusia, Canadá y Estados Unidos, ocupan una posición privilegiada en el tablero mundial. Estos recursos pueden utilizarse como moneda de cambio en negociaciones diplomáticas o como instrumento de presión política. Sin embargo, la escasez en las regiones fronterizas también puede generar conflictos entre naciones. Algunos ejemplos emblemáticos incluyen las tensiones entre Egipto, Etiopía y

Sudán por la Gran Presa del Renacimiento en el río Nilo, y las disputas entre Israel y Palestina por el control de los acuíferos en Cisjordania.

La geopolítica del agua está profundamente influenciada por dos fenómenos globales: el cambio climático y la globalización. El calentamiento global ha alterado los patrones de precipitaciones, aumentado la frecuencia de sequías e inundaciones y reducido la disponibilidad de agua en regiones críticas. Los países que dependen en gran medida de los recursos hídricos para la agricultura y la energía, como los de Oriente Medio y el norte de África, son particularmente vulnerables. La globalización, a su vez, ha intensificado la competencia por el agua, y las empresas transnacionales buscan controlar su producción y distribución en diferentes partes del mundo. Este escenario pone en cuestión la soberanía de las naciones que no son capaces de proteger sus recursos hídricos de la explotación externa.

La soberanía de un país sobre sus recursos hídricos es al mismo tiempo un derecho y una responsabilidad. Si bien la comunidad internacional reconoce el derecho a gestionar sus aguas, una mala gestión puede dar lugar a crisis internas y conflictos transfronterizos. Los países ricos en agua se enfrentan al desafío de equilibrar el uso sostenible de este recurso con las crecientes demandas de una población en expansión y una economía diversificada.

La Amazonia, por ejemplo, aunque alberga la cuenca hidrográfica más grande del mundo, enfrenta presiones derivadas de la deforestación, la minería y la construcción de centrales hidroeléctricas, que amenazan la integridad de sus ecosistemas.

La gestión sostenible del agua requiere políticas públicas sólidas e inversiones en infraestructura. Esto incluye la modernización de los sistemas de riego, la construcción de embalses y plantas de tratamiento y la promoción de prácticas agrícolas que reduzcan el consumo de agua. Además, es fundamental garantizar el acceso universal al agua potable, especialmente en las zonas rurales y periféricas, donde la falta de saneamiento básico todavía es una realidad para millones de personas. En Brasil, la Agencia Nacional de Aguas (ANA) desempeña un papel central en la coordinación de estas políticas, pero su implementación efectiva requiere una mayor integración entre los niveles federal, estatal y municipal.

La gestión adecuada de los recursos hídricos también trae beneficios económicos. El acceso al agua limpia y segura es esencial para el desarrollo de sectores como la agricultura, la industria y el turismo. En el caso de Brasil, la exportación de productos agrícolas, como la soja y la carne, depende directamente de la disponibilidad de agua para riego. Asimismo, la generación de energía hidroeléctrica, que representa más del 60% de la matriz energética del país, está intrínsecamente ligada a la gestión eficiente de los recursos hídricos. El agua, por tanto, no sólo es un recurso vital, sino también un activo estratégico que puede impulsar el crecimiento económico y la inserción internacional de un país.

La privatización del agua, aunque controvertida, ha sido adoptada en algunos países como una solución para mejorar la eficiencia de la gestión. Sin embargo, este enfoque debe regularse cuidadosamente para evitar la exclusión de comunidades vulnerables y aumentos tarifarios descontrolados.

En resumen, la soberanía de un país sobre sus recursos hídricos es una cuestión central en la geopolítica contemporánea. El agua es un recurso finito y cada vez más escaso, cuya gestión requiere visión estratégica, cooperación internacional y un compromiso con la sostenibilidad. Para países como Brasil, Estados Unidos, Canadá y Rusia, que poseen una parte importante de las reservas de agua dulce del mundo, la responsabilidad es aún mayor. Garantizar el acceso equitativo al agua, promover su uso sostenible y evitar conflictos relacionados con este recurso son desafíos que definirán el futuro no sólo de un país, sino de toda la humanidad.

EL PODER INTERNACIONAL DEL AGUA

En el escenario global, el agua emerge como un recurso estratégico cuya gestión trasciende las fronteras nacionales, influyendo en las relaciones diplomáticas, económicas y ambientales. Las disputas sobre recursos hídricos transfronterizos son una fuente constante de tensión entre países, especialmente en regiones donde ríos, lagos y acuíferos son compartidos por múltiples naciones. La construcción de represas, la desviación de cursos de agua y el uso excesivo de los recursos hídricos en un país pueden tener impactos profundos en la disponibilidad de agua en otros, generando conflictos que requieren soluciones diplomáticas complejas.

Las tensiones entre Egipto, Etiopía y Sudán por la Gran Presa del Renacimiento Etíope (GERD) giran en torno a la gestión de los recursos hídricos del río Nilo, una de las fuentes de agua dulce más estratégicas del mundo. Se trata de un conflicto geopolítico, económico y ambiental que implica disputas sobre soberanía, seguridad hídrica y desarrollo energético.

Contexto de la construcción de presas

El GERD, iniciado por Etiopía en 2011, es la mayor central hidroeléctrica de África y está situada en el Nilo Azul, uno de los dos principales afluentes del Nilo. La presa está diseñada para generar 6.450 MW de electricidad, impulsando la economía etíope y reduciendo su dependencia de fuentes de energía externas. Etiopía considera que el trabajo es esencial para su desarrollo y afirma que millones de sus ciudadanos viven sin electricidad.

Los tres países y sus preocupaciones

Egipto: Egipto depende casi exclusivamente del Nilo para su abastecimiento de agua potable, su agricultura y su industria. Con una población de más de 110 millones, el país teme que la GERD reduzca drásticamente el flujo de agua en su territorio, poniendo en peligro su seguridad hídrica y alimentaria. Egipto se apoya en acuerdos históricos, como los de 1929 y 1959, firmados bajo influencia británica, que garantizaron a Egipto y Sudán la mayoría absoluta de las aguas del Nilo, sin la participación de Etiopía, que no reconoce estos tratados.

Sudán: Sudán tiene una posición ambigua. Inicialmente, el país consideró que el GERD era una amenaza y temía que tuviera repercusiones en la regulación del caudal de los ríos y posibles inundaciones. Sin embargo, con el tiempo, Sudán empezó a ver beneficios, ya que la presa podría reducir las inundaciones incontroladas y generar electricidad barata, lo que es importante para su desarrollo agrícola e industrial.

Etiopía: Etiopía sostiene que tiene derecho soberano a utilizar sus aguas y considera la presa como un proyecto nacional de orgullo y autosuficiencia. El país ve las reivindicaciones egipcias como un intento de mantener un monopolio injusto sobre el Nilo, heredado del período colonial. Además, Etiopía ya ha comenzado a llenar el depósito del GERD, a pesar de las objeciones de Egipto.

Principales tensiones e intentos de acuerdo

- **2015**:Egipto, Sudán y Etiopía firmaron un acuerdo preliminar sobre el uso de las aguas del Nilo, pero sin resolver el principal impasse sobre el calendario de llenado del embalse del GERD.

- **2020-2021**:Etiopía comenzó unilateralmente a llenar la presa, lo que provocó fuertes reacciones de Egipto y Sudán.

- **Negociaciones mediadas**La Unión Africana, Estados Unidos y otras potencias no lograron producir un acuerdo vinculante.

- **Egipto amenazó con tomar medidas militares**, sugiriendo que "todas las opciones están sobre la mesa" para proteger su acceso al agua.

- **Etiopía completa el llenado del cuarto embalse en 2023**, aumentando aún más las tensiones.

Implicaciones geopolíticas

1. **Interferencia internacional**Países como Estados Unidos, China, Turquía y las potencias del Golfo tienen intereses estratégicos en el conflicto.

2. **Riesgo de conflicto militar**Aunque es poco probable, existen amenazas de ataques aéreos egipcios contra la presa.

3. **Crisis del agua y cambio climático:**El problema se agrava por el crecimiento de la población y las variaciones climáticas en la región.

Posibles escenarios

- **Acuerdo diplomático:**Las partes podrían llegar a un consenso sobre la gestión compartida del agua.
- **Erosión de la influencia egipcia:**Egipto podría perder su supremacía histórica sobre el Nilo.
- **Escalada militar:**Si las negociaciones fracasan, podría producirse un conflicto regional que involucre a los tres países.

Este es uno de los conflictos por el agua más importantes del mundo y ejemplifica cómo los recursos naturales pueden ser catalizadores de tensiones geopolíticas.

Las tensiones entre Israel y Palestina por los acuíferos de Cisjordania son uno de los aspectos más críticos del conflicto, ya que involucran el control y el acceso al agua, un recurso escaso y estratégico en Oriente Medio. La disputa se enmarca en el contexto más amplio de la ocupación israelí y del incierto estatus político de Cisjordania, lo que convierte la cuestión del agua en un factor de poder, seguridad y supervivencia para ambas partes.

Los principales recursos hídricos en disputa

Cisjordania alberga la mayor reserva de agua dulce de la región: el Acuífero de la Montaña, que se extiende bajo territorio palestino y también abastece a Israel. Este acuífero se divide en tres cuencas principales:

1. **Cuenca occidental**– El más rico en agua, que fluye hacia Israel.
2. **Cuenca Oriental**– Menos explorado, ubicado íntegramente en Cisjordania.
3. **Cuenca del Noreste**– Suministra agua principalmente a asentamientos y zonas palestinas.

Además de los acuíferos, otra fuente crucial de agua en la región es el río Jordán, al que también se restringe el acceso de los palestinos.

Las posiciones de ambas partes – Israel

Israel controla aproximadamente el 80% del agua del Acuífero de la Montaña y justifica esta posición basándose en:

- **Seguridad hídrica**:Israel tiene escasez de agua y la considera un recurso estratégico.
- **Acuerdos previos**:El Acuerdo de Oslo II (1995) estableció que Israel conservaría la mayor parte del agua en Cisjordania.
- **Infraestructura y tecnología**Israel afirma que ha invertido mucho en la construcción de redes de agua y plantas de desalinización, lo que justifica su dominio sobre los recursos.

Palestina

Los palestinos reciben sólo el 20% del agua del Acuífero de la Montaña y consideran que esta situación es injusta y opresiva, argumentando que:

- Israel restringe su acceso a la perforación de nuevos pozos.
- Los asentamientos israelíes en Cisjordania consumen

una cantidad desproporcionada de agua.

- El control israelí perjudica la agricultura palestina y socava la viabilidad de un Estado palestino independiente.

Principales tensiones y conflictos relacionados

1. **Control de la fuente de agua**
   - Israel controla directamente la Autoridad del Agua de Cisjordania, lo que dificulta a los palestinos perforar nuevos pozos.
   - Los palestinos a menudo dependen de camiones cisterna para obtener agua y pagan precios mucho más altos que los colonos israelíes.

2. **Asentamientos y consumo desigual**
   - Los asentamientos ilegales israelíes en Cisjordania tienen acceso directo al agua, a menudo en cantidades mucho mayores que las comunidades palestinas vecinas.
   - El consumo medio de un colono israelí en Cisjordania alcanza los 300 litros al día, mientras que muchos palestinos viven con menos de 70 litros al día, por debajo del mínimo recomendado por la OMS.

3. **El río Jordán y la marginación palestina**
   - Israel desvió el río Jordán, reduciendo la cantidad de agua disponible para los palestinos.
   - El acceso palestino al río es extremadamente limitado, lo que restringe el desarrollo económico de la región.

4. **Acuerdos de paz y oportunidades perdidas**
   - Se suponía que el Acuerdo de Oslo II (1995) garantizaría una mayor cooperación, pero

Israel mantuvo el control sobre la mayoría de los recursos hídricos.

- Los intentos de negociación se frustraron debido a la falta de consenso sobre la soberanía de Cisjordania.

Implicaciones geopolíticas

- **Crisis humanitaria**:La escasez de agua agrava las dificultades de los palestinos y repercute en la salud, la agricultura y el desarrollo urbano.
- **Expansión de los asentamientos**Israel utiliza el control del agua como herramienta para consolidar su ocupación de Cisjordania.
- **Interferencia internacional**:Organizaciones como la ONU y ONG alertan sobre la desigualdad en el acceso al agua, pero la presión internacional ha tenido efecto limitado.
- **Riesgo de conflicto militar**:Las severas restricciones de suministro podrían intensificar las revueltas y los enfrentamientos armados.

Posibles escenarios

1. **Acuerdo de distribución de agua**– Israel y Palestina podrían negociar una distribución más equilibrada de los recursos, algo que ya se ha sugerido en debates anteriores.
2. **Continuación del status quo**– Israel mantiene el control y los palestinos dependen de fuentes alternativas, lo que empeora la desigualdad.
3. **Escalada del conflicto**– Si la crisis del agua empeora, ésta podría convertirse en un detonante aún más fuerte de protestas, violencia y tensiones regionales.

La cuestión del agua en Cisjordania es más que una disputa ambiental: es un reflejo del conflicto territorial entre Israel y Palestina, donde el control sobre los recursos naturales define quién puede vivir, desarrollarse y prosperar en la región.

El agua es un recurso crítico para sectores como la agricultura, la industria y la generación de energía, y su disponibilidad o escasez puede influir directamente en la productividad y la competitividad de las naciones. Por ejemplo, la escasez de agua en Oriente Medio y el norte de África ha limitado el potencial agrícola de la región, aumentando la dependencia de las importaciones de alimentos y exacerbando las vulnerabilidades económicas.

Sin embargo, el agua también puede ser un elemento de cooperación entre naciones. La gestión eficiente y sostenible de las cuencas hidrográficas compartidas puede promover la paz y el desarrollo regionales. Acuerdos como el Tratado de Aguas del Indo entre India y Pakistán y la Convención de las Naciones Unidas sobre la Protección y Utilización de los Cursos de Agua Transfronterizos y de los Lagos Internacionales demuestran que la diplomacia del agua puede dar lugar a soluciones mutuamente beneficiosas. Compartir tecnologías de conservación del agua, implementar prácticas agrícolas sostenibles y resolver pacíficamente disputas son ejemplos de cómo el agua puede unir a los países en torno a objetivos comunes.

La gestión sostenible de los recursos hídricos es esencial no sólo para satisfacer las necesidades humanas, sino también para proteger el medio ambiente y garantizar la supervivencia de los ecosistemas acuáticos. La contaminación de los ríos, la degradación de los acuíferos y los impactos del cambio climático plantean amenazas importantes a la seguridad hídrica mundial. La contaminación por desechos industriales, pesticidas y aguas residuales domésticas ha comprometido la calidad del agua en varias regiones, mientras que el calentamiento global altera los patrones de precipitaciones y aumenta la frecuencia de eventos extremos, como sequías e inundaciones.

En este contexto, la gestión sostenible del agua debe adoptar un enfoque holístico que equilibre las demandas humanas con la preservación del medio ambiente. Esto incluye promover políticas de conservación, invertir en infraestructura de saneamiento básico y adoptar tecnologías que reduzcan el desperdicio y aumenten la eficiencia en el uso del agua. Además, es esencial involucrar a las comunidades locales, los gobiernos y las organizaciones internacionales en la toma de decisiones, garantizando que la gestión de los recursos hídricos sea inclusiva y transparente.

En resumen, el poder internacional del agua refleja su dualidad como fuente de conflicto y cooperación. Si bien la escasez y la mala gestión pueden exacerbar las tensiones geopolíticas, el agua también ofrece oportunidades únicas para la construcción de puentes diplomáticos y el desarrollo sostenible. La capacidad de gestionar este recurso de forma equitativa y responsable será uno de los mayores desafíos del siglo XXI y determinará no sólo el futuro de las relaciones internacionales sino también la supervivencia de los ecosistemas y las comunidades de todo el mundo.

EL AGUA COMO RECURSO ESTRATÉGICO: DISPUTAS POLÍTICAS Y MILITARES.

El agua ha sido objeto de disputas políticas y militares en diversas partes del mundo. En algunas regiones, las disputas han sido entre Estados que comparten cuencas fluviales transfronterizas, como en el caso del río Indo entre India y Pakistán. En otras situaciones, la disputa ha sido entre países por recursos hídricos compartidos, como en el caso del Mar de China Meridional, donde China reclama la mayor parte del territorio, generando conflictos con Filipinas, Vietnam, Malasia, Brunei y Taiwán.

La disputa por el Mar de China Meridional es uno de los conflictos geopolíticos más complejos del mundo e involucra cuestiones de soberanía, comercio, seguridad militar y recursos naturales. China reclama casi el 90% de esta región marítima, basada en la llamada Línea de los Nueve Puntos, generando tensiones con los países vecinos.

Además de su importancia estratégica y militar, el Mar de China Meridional contiene vastas reservas de petróleo, gas natural y ricas poblaciones de peces, lo que lo convierte en un importante punto de disputa por los recursos hídricos compartidos.

Las reivindicaciones y los países implicados

La disputa principal gira en torno a islas, arrecifes y bancos de arena que reclaman varias naciones. Los puntos de tensión clave incluyen:

1. **Islas Paracel (Xisha)**– Disputada entre China, Taiwán y Vietnam.
2. **Islas Spratly (Nansha)**– Reclamado por China, Taiwán, Filipinas, Vietnam, Malasia y Brunei.
3. **Banco Scarborough**– Disputada entre China y Filipinas.

4. **Arrecifes e islotes**– China ha estado transformando los arrecifes en islas artificiales militarizadas, expandiendo su dominio sobre la región.

China basa sus reivindicaciones históricas en la Línea de Nueve Puntos, un mapa publicado en la década de 1940 que ignora los límites marítimos establecidos por la Convención de las Naciones Unidas sobre el Derecho del Mar (CNUDM). Por el contrario, los países del Sudeste Asiático argumentan que China está violando sus derechos territoriales y económicos.

El papel de los recursos naturales en la disputa

El Mar de China Meridional es estratégicamente crucial por varias razones:

- **Reservas de petróleo y gas**
  Los estudios indican que la región puede contener entre 7 y 11 mil millones de barriles de petróleo y 190 billones de pies cúbicos de gas natural, lo que la hace vital para el suministro energético de Asia.
- **Pesca y seguridad alimentaria**
  El mar alberga el 10% de la pesca mundial, lo que lo hace esencial para millones de personas en los países vecinos. Se ha acusado a China de agotar las reservas pesqueras, aumentando las tensiones con Filipinas y Vietnam.
- **Rutas comerciales globales**
  Alrededor de 3 billones de dólares en comercio marítimo pasan anualmente por el Mar de China Meridional. Cualquier conflicto podría afectar el comercio global, especialmente para países como Japón, Corea del Sur y Estados Unidos.

Principales tensiones y conflictos

1. **Militarización de las islas**
   - China ha construido bases militares en

islas artificiales, equipadas con pistas de aterrizaje, radares y misiles.

- Estados Unidos y sus aliados llevan a cabo misiones de "libertad de navegación", desafiando las afirmaciones chinas.

2. **Sentencia de la Corte Internacional de Justicia (2016)**

- Filipinas llevó la disputa a la Corte Permanente de Arbitraje de La Haya, que dictaminó que China no tenía base legal para su reclamo sobre el Mar de China Meridional.
- **China rechazó la decisión**, intensificando sus acciones en la región.

3. **Encuentros militares y conflictos pesqueros**

- Frecuentes enfrentamientos entre barcos pesqueros chinos y patrulleras de Vietnam y Filipinas.
- Los incidentes que involucran buques militares aumentan el riesgo de una confrontación armada.

Interferencia internacional y escenarios futuros

- **Estados Unidos y Japón** Apoyar a los países del sudeste asiático y condenar la expansión china.
- **China busca consolidar su dominio**, pero se enfrenta a resistencia diplomática y sanciones.
- **¿Posibilidad de un conflicto armado?**– Los pequeños incidentes pueden convertirse en algo más grande, pero el interés económico tiende a mantener la estabilidad.

La disputa sobre el Mar de China Meridional no es sólo una cuestión de territorio, sino del control de recursos estratégicos y del equilibrio de poder en el Indo-Pacífico.

Además de las disputas políticas, el agua ha sido objeto de

conflictos militares en algunas regiones. Por ejemplo, durante la guerra de Afganistán, los talibanes cortaron el suministro de agua a la ciudad de Kabul, creando una crisis humanitaria. Durante el régimen talibán en Afganistán (1996-2001), la ciudad de Kabul sufrió una grave crisis humanitaria debido a que la organización le cortó el suministro de agua. Los talibanes controlaban la presa de Kajaki, situada en el río Helmand, y cortaron el suministro de agua a Kabul como forma de presionar a la Alianza del Norte, que luchaba contra el régimen talibán. El corte de agua ha creado una grave crisis humanitaria en Kabul, que ya enfrentaba condiciones precarias de suministro de agua potable antes del corte.

La falta de agua afectó la salud de la población, aumentando la incidencia de enfermedades transmitidas por el agua como el cólera y la disentería. Además, los cortes de agua también han afectado la producción agrícola, generando escasez de alimentos y aumentando los precios de los productos básicos.

La comunidad internacional ha respondido a los cortes de agua en Kabul presionando a los talibanes para que reanuden el suministro de agua a la ciudad. Sin embargo, el régimen talibán se negó a ceder y la crisis humanitaria en Kabul empeoró aún más. La situación sólo se resolvió con la caída del régimen talibán en 2001, cuando las fuerzas de la Alianza del Norte recuperaron la presa de Kajaki. La guerra de los talibanes por el control de la presa de Kajaki y el río Helmand muestra cómo el agua puede ser un recurso estratégico utilizado en conflictos políticos y militares. La gestión sostenible del agua es esencial para prevenir conflictos y garantizar un acceso equitativo y sostenible al agua potable para todas las poblaciones.

En Siria, la guerra civil que comenzó en 2011 ha estado fuertemente influenciada por la cuestión del agua. Siria es un país con recursos hídricos limitados y muy dependiente del río Éufrates, que comparte con Turquía e Irak. La gestión de los recursos hídricos del Éufrates ha sido objeto de disputa entre los países durante décadas, y Siria se ha visto particularmente afectada por las cambiantes políticas hídricas de Turquía.

La construcción de presas por parte de Turquía en el Éufrates ha reducido significativamente el flujo de agua a Siria, especialmente durante los meses de verano, cuando la demanda es mayor. Esto ha afectado negativamente a la agricultura siria, que depende en gran medida del agua del Éufrates para el riego de cultivos. Además, Siria también enfrenta problemas de contaminación del agua debido a la falta de tratamiento de aguas residuales y al uso excesivo de pesticidas y fertilizantes.

Durante la guerra civil, los conflictos por el agua se intensificaron y Turquía continuó construyendo presas en el Éufrates, reduciendo aún más el flujo de agua a Siria. Además, los grupos armados sirios han tomado el control de algunas de las principales fuentes de agua del país, utilizándolas como arma de guerra. Por ejemplo, el Estado Islámico cortó el suministro de agua a la ciudad de Alepo en 2014, provocando una grave crisis humanitaria.

La guerra civil en Siria ha demostrado cómo el agua puede ser un recurso estratégico en conflictos políticos y militares, especialmente en regiones donde los recursos hídricos son limitados y compartidos entre varios países.

La solución de los conflictos relacionados con el agua requiere cooperación internacional y políticas más eficaces. La disputa entre India y Pakistán por el agua se remonta a la partición del subcontinente indio en 1947, cuando el país quedó dividido en dos: la India, predominantemente hindú, y el Pakistán, predominantemente musulmán. En ese momento, la división de los ríos Indo, Jhelum y Chenab, que son importantes fuentes de agua para ambos países, no estaba claramente definida, y la disputa por el agua comenzó poco después. La cuestión se volvió aún más compleja con la construcción por parte de la India de la presa Baglihar en el río Chenab en 2008. Pakistán afirmó que la presa reducía el flujo de agua hacia el país, afectando el riego de cultivos y la generación de energía hidroeléctrica. Pakistán llevó el caso a la Corte Permanente de Arbitraje de La Haya, que falló a favor de la India, permitiendo que continuara la construcción de la presa pero imponiendo algunas restricciones a su funcionamiento.

La disputa entre India y Pakistán es un punto central de tensión entre los dos países y ha sido un tema diplomático importante. En 1960, se firmó un acuerdo entre ambos países para la gestión de los ríos Indo, Jhelum y Chenab, creándose la Autoridad de Control del Agua (Comisión del Agua del Indo).

El acuerdo establece que Pakistán tiene derecho a una cantidad fija de agua del río Indo, mientras que India tiene derecho a utilizar el agua del río Chenab para riego y generación de energía hidroeléctrica. A pesar del acuerdo, persisten las tensiones entre ambos países. Pakistán sostiene que India está construyendo demasiadas represas en el río Chenab, lo que reduce el caudal del río hacia el país. Además, las tensiones políticas y militares entre ambos países han aumentado en los últimos años, lo que ha incrementado el riesgo de un conflicto generalizado.

La cooperación entre países es esencial para evitar conflictos civiles y militares y garantizar que los recursos hídricos se utilicen de forma sostenible para satisfacer las necesidades de las poblaciones locales.

EL AGUA COMO RECURSO ECONÓMICO: COMERCIO INTERNACIONAL, MERCADO FINANCIERO E INVERSIONES.

El agua, además de ser un recurso vital para la supervivencia humana, se ha convertido en un activo económico de gran relevancia en el escenario global. Su importancia trasciende las esferas ambiental y social, influyendo directamente en el comercio internacional, el mercado financiero y los flujos de inversión. Sin embargo, la monetización del agua también plantea cuestiones éticas y prácticas, especialmente con respecto al acceso equitativo y la gestión sostenible de este recurso.

Comercio internacional de agua

El comercio internacional de agua se produce cuando este recurso se transporta entre países a través de buques cisterna, canales o tuberías. Esta práctica es más común en regiones donde la escasez de agua es aguda y la demanda de agua potable o de agua para fines industriales es alta. El comercio puede involucrar diferentes formas de agua, incluida agua dulce, agua salada desalinizada, agua embotellada e incluso "agua virtual", un concepto que se refiere al volumen de agua utilizado en la producción de bienes y servicios, como alimentos y productos industriales.

Un ejemplo emblemático es el comercio de agua embotellada, que mueve miles de millones de dólares anualmente. Las empresas multinacionales explotan fuentes naturales en países ricos en agua, como Francia y Fiji, para abastecer los mercados de regiones áridas o con infraestructura deficiente. Además, los proyectos de desalinización y transferencia de agua entre países, como el propuesto entre Turquía y Chipre, han ganado relevancia como soluciones a la escasez de agua.

Mercado financiero e inversiones en recursos hídricos

El mercado financiero relacionado con el agua está formado por inversiones en empresas que operan en la gestión de recursos hídricos, infraestructura de suministro, tecnologías de conservación y proyectos de reutilización. Los inversores pueden adquirir acciones de empresas del sector del agua o invertir en fondos de inversión especializados, como los "fondos de agua", que concentran sus recursos en empresas vinculadas al agua.

En los últimos años, las inversiones en infraestructura hídrica han crecido significativamente, especialmente en los países en desarrollo que buscan atraer capital extranjero para financiar proyectos de irrigación, tratamiento de agua y aguas residuales, construcción de presas y embalses, e iniciativas de conservación. Por ejemplo, en la India se han destinado grandes inversiones a modernizar los sistemas de riego y a construir plantas de tratamiento de agua, con el objetivo de satisfacer las demandas de una población en rápido crecimiento.

Desafíos y preocupaciones

A pesar de los beneficios económicos, la comercialización y financiarización del agua ha suscitado importantes preocupaciones. Muchos argumentan que el agua es un derecho humano fundamental y que su transformación en una mercancía podría comprometer el acceso equitativo, especialmente en los países pobres y vulnerables. La falta de regulación y transparencia en las inversiones y el comercio del agua puede conducir a prácticas depredadoras, como la sobreexplotación de los acuíferos y la degradación de los ecosistemas acuáticos.

Además, la privatización de los servicios de agua y saneamiento ha sido objeto de críticas en diversas partes del mundo. En algunos casos, la gestión privada ha dado lugar a importantes aumentos de tarifas, excluyendo a las comunidades de bajos ingresos del acceso al agua potable. Por ejemplo, en Bolivia, la privatización del sistema de agua de Cochabamba a fines de la década de 1990 generó protestas masivas conocidas como la "Guerra del Agua", que culminaron con la reanudación del control público sobre el recurso.

Oportunidades para la gestión sostenible

Para equilibrar los intereses económicos con las necesidades sociales y ambientales, es esencial adoptar políticas de gestión sostenible del agua. Esto incluye la promoción de inversiones en tecnologías de conservación, como sistemas de riego eficientes y reutilización del agua, y la implementación de marcos regulatorios que garanticen la transparencia y la equidad en la gestión de los recursos hídricos.

La cooperación internacional también juega un papel crucial. Acuerdos como la Convención de las Naciones Unidas sobre los Cursos de Agua Transfronterizos proporcionan directrices para la gestión compartida de las cuencas hidrográficas, promoviendo la paz y la sostenibilidad. Además, iniciativas como la Alianza Mundial para el Agua buscan integrar a gobiernos, empresas y sociedad civil en la búsqueda de soluciones innovadoras a los desafíos del agua.

El agua, como recurso económico, presenta oportunidades y desafíos complejos. Su comercio y financiarización pueden impulsar el desarrollo de infraestructura y tecnologías, pero también requieren cuidado para evitar impactos negativos en el acceso equitativo y el medio ambiente. La gestión sostenible e inclusiva de los recursos hídricos será clave para garantizar que el agua siga siendo un motor de prosperidad, no de conflicto, en el siglo XXI.

EL IMPACTO DEL CAMBIO CLIMÁTICO EN LA DISPONIBILIDAD DE AGUA: ESCASEZ, SEQUÍA E INUNDACIONES

El cambio climático representa uno de los mayores desafíos del siglo XXI, con impactos profundos y multifacéticos sobre los recursos hídricos mundiales. El aumento de la temperatura media del planeta, combinado con cambios en los patrones de precipitación, ha generado escenarios extremos de escasez de agua, sequías prolongadas y eventos de inundaciones más frecuentes e intensas. Estos fenómenos no sólo comprometen la disponibilidad de agua, sino que también exacerban las desigualdades socioeconómicas, amenazan los ecosistemas y ponen en riesgo la seguridad alimentaria y la salud humana.

Cambios en los patrones de precipitación y temperatura

El calentamiento global, impulsado por la emisión de gases de efecto invernadero, ha alterado significativamente los ciclos hidrológicos. Las regiones que tradicionalmente dependían de lluvias regulares enfrentan sequías más severas y prolongadas, mientras que otras experimentan lluvias extremas y concentradas en períodos cortos. Estos cambios son particularmente evidentes en zonas como el Sahel africano, donde la desertificación avanza rápidamente, y en el sudeste asiático, donde los intensos monzones han causado inundaciones catastróficas.

Sequías: impactos y consecuencias

Las sequías, agravadas por el cambio climático, son uno de los fenómenos más devastadores para la disponibilidad de agua. Afectan directamente a la agricultura, reduciendo la productividad de los cultivos y amenazando la seguridad alimentaria de millones de personas. Además, la escasez prolongada de agua compromete el suministro de agua potable, aumentando la incidencia de enfermedades relacionadas con la falta de saneamiento, como el cólera y la diarrea.

Otro impacto significativo de las sequías es la degradación ambiental. La reducción de los niveles de agua en ríos, lagos y acuíferos afecta a los ecosistemas acuáticos, provocando la pérdida de biodiversidad y la desertificación de zonas otrora fértiles. Los incendios forestales, como los que han ocurrido con frecuencia en California (EE.UU.) y Australia, se ven agravados por la sequía, causando daños irreparables a la flora, la fauna y las comunidades humanas.

Inundaciones y tormentas: desafíos y riesgos

Por otro lado, el aumento de la frecuencia e intensidad de las inundaciones y tormentas ha sido uno de los aspectos más visibles del cambio climático. Los fenómenos de lluvias extremas, como los que se vieron en Pakistán en 2022, que dejaron un tercio del país bajo el agua, ilustran la magnitud de los desafíos a los que se enfrentan. Las inundaciones no sólo causan pérdidas humanas y materiales, sino que también contaminan las fuentes de agua potable, aumentando el riesgo de enfermedades transmitidas por el agua, como la hepatitis y la leptospirosis.

Además, las inundaciones pueden provocar erosión del suelo y la sedimentación de los ríos, comprometiendo la calidad del agua y la capacidad de almacenamiento de los embalses. En las regiones costeras, la combinación de tormentas intensas y el aumento del nivel del mar ha provocado inundaciones catastróficas, como las observadas en Bangladesh y las islas del Pacífico.

Consecuencias generales del calentamiento global

El cambio climático tiene impactos interconectados que van más allá de la disponibilidad de agua. Entre las principales consecuencias destacan las siguientes:

1. Aumento del nivel del mar: el derretimiento de los casquetes polares y de los glaciares ha elevado el nivel del mar, amenazando

a las comunidades costeras y a las islas bajas. Este aumento incrementa el riesgo de inundaciones salinas, que contaminan los acuíferos y los suelos agrícolas, comprometiendo la seguridad hídrica y alimentaria.

2. Escasez de agua: La reducción de la disponibilidad de agua en las regiones áridas y semiáridas ha intensificado los conflictos por los recursos hídricos, como los observados en Oriente Medio y el norte de África. La escasez también afecta a sectores críticos, como la agricultura y la industria, con importantes impactos económicos.

3. Pérdida de biodiversidad: el cambio climático está provocando la extinción de especies y la degradación de los hábitats naturales. Los ecosistemas acuáticos, como los arrecifes de coral y los manglares, son particularmente vulnerables, con graves consecuencias para la pesca y la protección de las costas.

4. Impactos económicos: Los fenómenos meteorológicos extremos, como sequías e inundaciones, generan altos costos para la reconstrucción de infraestructura y la recuperación de las zonas afectadas. Además, la reducción de la productividad agrícola y la interrupción de las cadenas de suministro tienen repercusiones negativas en la economía mundial.

5. Salud humana: El cambio climático aumenta la propagación de enfermedades transmitidas por vectores, como la malaria y el dengue, y expone a las poblaciones a condiciones extremas, como olas de calor y frío intenso. La falta de agua potable y la creciente contaminación del agua también contribuyen al deterioro de la salud pública.

El cambio climático está redefiniendo la disponibilidad y distribución de los recursos hídricos a escala global, con impactos que van desde la escasez crónica hasta inundaciones extremas. Para enfrentar estos desafíos, es esencial adoptar políticas de adaptación y mitigación que promuevan la gestión sostenible del agua, la conservación de los ecosistemas y la reducción de las emisiones de gases de efecto invernadero. La cooperación internacional y la inversión en tecnologías innovadoras serán clave para garantizar la resiliencia y la seguridad del agua para las generaciones futuras.

GESTIÓN Y GOBERNANZA DEL AGUA: POLÍTICAS PÚBLICAS, LEGISLACIÓN Y ACUERDOS INTERNACIONALES

La gestión y gobernanza del agua son pilares esenciales para garantizar la sostenibilidad y la seguridad hídrica a escala global. Estos procesos requieren la implementación de políticas públicas efectivas, legislación robusta y acuerdos internacionales que promuevan la protección y la gestión equitativa y sostenible de los recursos hídricos. En el contexto brasileño, la gestión del agua está regulada por la Ley de Recursos Hídricos (Ley nº 9.433/1997), que establece los principios, objetivos e instrumentos de la Política Nacional de Recursos Hídricos. Esta legislación enfatiza la gestión participativa, descentralizada e integrada, involucrando a los gobiernos, la sociedad civil, el sector privado y las comunidades locales.

Además, Brasil es signatario de varios acuerdos internacionales relacionados con el agua, como la Convención sobre los Derechos del Agua (1992), también conocida como Convención de Dublín, y la Convención Marco de las Naciones Unidas sobre el Cambio Climático (1994). Estos acuerdos refuerzan el compromiso del país con la protección de los recursos hídricos y la cooperación internacional para abordar desafíos globales como la escasez de agua, el cambio climático y la degradación ambiental.

El Convenio de Dublín y la gestión sostenible del agua

El Convenio de Dublín, adoptado en 1992 durante la Conferencia de las Naciones Unidas sobre el Medio Ambiente y el Desarrollo (CNUMAD), celebrada en Río de Janeiro, es un hito internacional para la gestión integrada y sostenible de los recursos hídricos. La convención reconoce el agua como un recurso finito y vital, destacando la necesidad de garantizar el acceso universal al agua potable y al saneamiento básico. Además, establece principios como la gestión participativa, la conservación de los ecosistemas acuáticos y la cooperación internacional.

El Convenio de Dublín se complementó con la Agenda 21, un plan de acción mundial para el desarrollo sostenible, que incluye directrices específicas para la gestión integrada de los recursos hídricos. A pesar de estos avances, la gestión del agua sigue enfrentando desafíos importantes, como la mala distribución de los recursos hídricos, la falta de acceso al agua potable en regiones vulnerables y los impactos del cambio climático.

La Convención Marco de las Naciones Unidas sobre el Cambio Climático (CMNUCC)

La CMNUCC, adoptada en 1994, es un tratado internacional que tiene como objetivo combatir el cambio climático y mitigar sus efectos. La convención reconoce que el cambio climático plantea una amenaza global que afecta particularmente a los países en desarrollo. Establece principios como la responsabilidad común pero diferenciada y la necesidad de que los países desarrollados lideren los esfuerzos para reducir las emisiones de gases de efecto invernadero.

La CMNUCC promueve la celebración de Conferencias de las Partes (COP), que tienen como objetivo discutir y mejorar las medidas adoptadas por los países. La COP21, celebrada en París en 2015, dio como resultado el Acuerdo de París, un hito histórico que establece objetivos ambiciosos para limitar el aumento de la temperatura global a menos de 2 °C por encima de los niveles preindustriales. El acuerdo también destaca la importancia de la adaptación al cambio climático y la financiación climática en los países en desarrollo.

La COP22 y el fortalecimiento del Acuerdo de París

La 22ª Conferencia de las Partes sobre Cambio Climático (COP22), celebrada entre el 7 y el 18 de noviembre de 2016 en Marrakech (Marruecos), representó un hito significativo en el proceso de reglamentación e implementación del Acuerdo de París. Según información de Agência Brasil (2016), los países participantes reafirmaron su compromiso con la reducción del calentamiento global y establecieron una agenda de trabajo para alcanzar ese objetivo en dos años.

Según Carlos Rittl, secretario ejecutivo del Observatorio del Clima, y Marcelo Furtado, coordinador de la Coalición Brasil Clima, Bosques y Agricultura, la COP22 tuvo un carácter predominantemente técnico, a diferencia de la COP21, realizada en 2015 en París, que estuvo marcada por decisiones políticas de alto nivel. Rittl destacó que Brasil jugó un papel relevante en la construcción de una agenda que puede generar resultados positivos en los próximos años, aunque el éxito depende del compromiso efectivo de todos los países.

Rittl argumentó que Brasil necesita integrar el cambio climático como un eje central de su agenda de desarrollo, ya que, actualmente, el tema es tratado como un tema accesorio. Destacó la importancia de medidas como la culminación del Registro Ambiental Rural (CAR), la recuperación de áreas deforestadas ilegalmente y la vinculación del crédito rural a prácticas de gestión ambiental sostenible. A su vez, Furtado destacó el compromiso no sólo del gobierno brasileño, sino también de las organizaciones de la sociedad civil y del sector privado, en implementar acciones concretas. Destacó la necesidad de una "orquestación conjunta", con participación activa del sector privado y de los organismos de financiamiento.

Furtado abogó por la plena implementación del Código Forestal, la ampliación de los programas de asistencia técnica para prácticas bajas en carbono y el desarrollo de estrategias para restaurar áreas degradadas. Además, propuso compensar a los propietarios de tierras que mantengan los bosques en pie y ofrecer financiación más generosa a los agricultores que adopten prácticas agrícolas bajas en carbono.

El Ministerio de Medio Ambiente (MMA) divulgó un balance preliminar de la participación de Brasil en la COP22, en el que la conferencia fue considerada un "punto de partida" para definir el llamado "libro de reglas", que establecerá las directrices para implementar las obligaciones asumidas en el Acuerdo de París. El documento reforzó la posición de Brasil de que el Acuerdo de París es irreversible y que es necesario acelerar el trabajo hacia su implementación efectiva. Además, destacó la necesidad de que los países desarrollados incrementen su financiación climática, estableciendo una "hoja de ruta" para alcanzar el objetivo de 100.000 millones de dólares anuales en 2020.

La delegación brasileña en la COP22 contó con 271 participantes, entre representantes del gobierno, la academia, el sector privado y organizaciones no gubernamentales. De ese total, 87 estaban vinculados al gobierno, incluidos 16 parlamentarios, y 184 representaban a la sociedad civil. Esta amplia participación refleja el compromiso de múltiples partes interesadas de Brasil en los debates sobre el cambio climático y su voluntad de contribuir a las soluciones globales.

En resumen, la COP22 representó un importante paso adelante en la consolidación del Acuerdo de París, con foco en la definición de mecanismos técnicos y operativos para su implementación. Sin embargo, los desafíos siguen siendo importantes y requieren acciones coordinadas y comprometidas de todos los actores involucrados, tanto a nivel nacional como internacional. Brasil, al adoptar una postura proactiva y defender la integración del cambio climático en su agenda de desarrollo, demuestra el potencial para liderar iniciativas sostenibles y hacer una contribución relevante al logro de los objetivos globales.

Desafíos y perspectivas futuras

A pesar de los avances logrados a través de políticas públicas, legislación y acuerdos internacionales, la gestión y gobernanza del agua aún enfrentan desafíos importantes. La creciente demanda de agua, combinada con los impactos del cambio climático y la degradación ambiental, requiere una acción urgente y coordinada. Es esencial promover la participación de la sociedad civil y las comunidades locales en la gestión de los recursos hídricos, además de fortalecer la cooperación internacional.

En Brasil, la implementación efectiva de la Política Nacional de Recursos Hídricos y el cumplimiento de los compromisos asumidos en acuerdos internacionales son pasos fundamentales para garantizar la seguridad hídrica. Integrar las políticas de gestión del agua con las acciones para combatir el cambio climático también es crucial para abordar los desafíos actuales y futuros.

La gestión y la gobernanza del agua son elementos clave para la sostenibilidad y la seguridad hídrica a nivel mundial. La implementación de políticas públicas efectivas, el fortalecimiento de la legislación nacional y la cooperación internacional son esenciales para abordar los desafíos relacionados con el agua. En el contexto brasileño, la Ley de Recursos Hídricos y los acuerdos internacionales, como la Convención de Dublín y la CMNUCC, proporcionan un marco sólido para la gestión sostenible de los recursos hídricos. Sin embargo, es necesario seguir mejorando estas iniciativas, promoviendo la participación social y la integración de políticas para asegurar un futuro sostenible para las generaciones presentes y futuras.

USO DEL AGUA EN LAS CIUDADES: ABASTECIMIENTO, SANEAMIENTO Y CALIDAD DE VIDA.

El uso del agua en las ciudades es un elemento central para el desarrollo sostenible y la calidad de vida de la población urbana. Garantizar el acceso al agua potable, la gestión eficiente de los recursos hídricos y el acceso universal al saneamiento básico son pilares fundamentales para la salud pública, la preservación del medio ambiente y el crecimiento económico. Sin embargo, los desafíos relacionados con el abastecimiento, el tratamiento de aguas residuales y el drenaje urbano aún son importantes, especialmente en países en desarrollo como Brasil.

Abastecimiento de agua potable: desafíos y soluciones

El abastecimiento de agua potable es uno de los principales retos que enfrentan las ciudades, especialmente en regiones con escasez de agua o con infraestructura deficiente. Garantizar el acceso universal al agua de calidad requiere fuertes inversiones en sistemas de recolección, tratamiento y distribución, además de prácticas para el uso racional y eficiente de este recurso. En muchas ciudades brasileñas, la falta de planificación y la expansión urbana desordenada han sobrecargado los sistemas de abastecimiento, generando racionamiento y suministro intermitente.

Tecnologías como la reutilización del agua, la recogida de agua de lluvia y la modernización de las redes de distribución pueden contribuir a mejorar el suministro. Además, las políticas públicas que promuevan la educación ambiental y la concientización sobre el uso consciente del agua son esenciales para reducir el desperdicio y garantizar la sostenibilidad de los recursos hídricos.

Saneamiento básico: un derecho humano fundamental

El saneamiento básico, que incluye el tratamiento de aguas residuales, la recolección de residuos sólidos y el drenaje urbano, es un derecho humano reconocido por la Organización de las Naciones Unidas (ONU) y esencial para la salud y el bienestar de la población. Sin embargo, Brasil aún enfrenta serias deficiencias en esta área. Según datos del Sistema Nacional de Información de Saneamiento (SNIS), alrededor del 48% de la población brasileña, o aproximadamente 100 millones de personas, no tienen acceso a servicio de recolección de aguas residuales y más de 35 millones no tienen acceso a agua tratada.

La falta de saneamiento adecuado tiene repercusiones directas en la salud pública. Enfermedades como la diarrea, la hepatitis A, la fiebre tifoidea y el cólera están directamente asociadas al consumo de agua contaminada por patógenos presentes en aguas residuales no tratadas. Además, la falta de sistemas de drenaje eficientes contribuye a la proliferación de vectores de enfermedades, como los mosquitos que transmiten el dengue, el chikungunya y el zika, y los roedores que propagan la leptospirosis.

Impactos ambientales y económicos

La falta de saneamiento básico también genera importantes consecuencias ambientales y económicas. El vertido de aguas residuales sin tratar en ríos, lagos y océanos contamina los ecosistemas acuáticos, afectando la biodiversidad y comprometiendo actividades económicas como la pesca y el turismo. La contaminación del agua reduce la disponibilidad de agua potable, aumenta los costos de tratamiento y perjudica la calidad de vida en las ciudades.

Por otra parte, las inversiones en saneamiento básico aportan importantes beneficios económicos y sociales. La ampliación de las redes de tratamiento de aguas residuales y de abastecimiento de agua genera empleos, mejora la productividad de los trabajadores y atrae inversiones y turismo. Estudios indican que cada R$ 1 invertido en saneamiento genera un ahorro de R$ 4 en costos de salud, lo que demuestra el retorno positivo de estas iniciativas.

Caminos hacia el saneamiento universal

La universalización del saneamiento básico en Brasil requiere la integración de esfuerzos entre los gobiernos, el sector privado y la sociedad civil. El Marco Legal de Saneamiento, aprobado en 2020, representa un paso adelante al establecer metas ambiciosas, como el acceso universal al agua potable y al tratamiento de aguas residuales para 2033. Sin embargo, la implementación de estas metas depende de inversiones continuas, la modernización de la infraestructura y la adopción de tecnologías innovadoras.

La participación del sector privado, a través de asociaciones público-privadas (APP), puede acelerar la expansión de los servicios de saneamiento, siempre y cuando se regule de manera que garantice la equidad y la accesibilidad. Al mismo tiempo, es fundamental promover la educación ambiental y concientizar a la población sobre la importancia del uso sostenible del agua y la correcta disposición de los residuos.

El uso del agua en las ciudades es un desafío complejo que involucra cuestiones de salud pública, sostenibilidad ambiental y desarrollo económico. Garantizar el acceso al agua potable y universalizar el saneamiento básico son esenciales para mejorar la calidad de vida de la población y reducir las desigualdades sociales. Las inversiones en infraestructura, tecnologías y políticas públicas efectivas son esenciales para enfrentar los desafíos actuales y construir ciudades más resilientes y sostenibles. La colaboración entre gobiernos, empresas y sociedad civil será crucial para transformar estos desafíos en oportunidades de crecimiento y bienestar colectivo.

EL AGUA EN LA INDUSTRIA: PRODUCCIÓN DE ENERGÍA, MINERÍA Y MANUFACTURA.

El agua es esencial para el funcionamiento de varios sectores industriales y desempeña un papel crucial como materia prima, medio de refrigeración, generación de energía y transporte de materiales. Sin embargo, el uso intensivo y a menudo inadecuado del agua por parte de la industria puede generar impactos ambientales importantes, comprometiendo la disponibilidad de este recurso para otras actividades y ecosistemas. En vista de ello, la adopción de prácticas sostenibles y una regulación eficiente del uso del agua se vuelven imperativas para asegurar un equilibrio entre el desarrollo industrial y la preservación del medio ambiente.

El agua en la producción de energía

La producción de energía es uno de los sectores que más demanda agua, siendo este recurso utilizado en diferentes etapas de los procesos de generación. En la energía hidroeléctrica, el agua es el elemento central, responsable de mover las turbinas y generar electricidad. Este tipo de energía se considera renovable y tiene bajas emisiones de gases de efecto invernadero, pero puede provocar impactos ambientales, como alteración de ecosistemas acuáticos y fragmentación de hábitats por la construcción de presas.

En la generación de energía térmica, el agua es ampliamente utilizada para equipos de refrigeración, procesos de condensación y tratamiento de gases. Si bien es esencial para la eficiencia de estos sistemas, el uso de agua en estos procesos puede provocar un aumento de la temperatura de los cuerpos de agua, fenómeno conocido como contaminación térmica, que afecta negativamente a la fauna y flora acuáticas. Además, la captura de agua en grandes volúmenes puede reducir la disponibilidad de este recurso para otros usos, como el abastecimiento humano y la agricultura.

El agua en la minería

La minería es otro sector que depende en gran medida del agua, utilizándola en actividades como el transporte de minerales, el lavado de materiales y la refrigeración de equipos. El agua también se utiliza en procesos de beneficiación, como la flotación, que separa los minerales de interés de la ganga (material sin valor económico). Sin embargo, la minería puede generar graves impactos ambientales, como la contaminación de ríos y acuíferos por metales pesados y sustancias químicas utilizadas en los procesos de extracción y procesamiento.

Además, la captura de agua en grandes volúmenes puede comprometer la disponibilidad de este recurso para las comunidades locales y otras actividades económicas, como el riego. En regiones con escasez de agua, la competencia por el uso del agua entre la minería y otras actividades puede acentuar los conflictos socioambientales. Por ello, la adopción de tecnologías que reduzcan el consumo de agua y promuevan su reutilización es fundamental para minimizar los impactos de este sector.

El agua en la fabricación

El sector manufacturero utiliza agua en una amplia variedad de procesos de producción, incluida la fabricación de productos químicos, alimentos, bebidas, pulpa y papel, entre otros. El agua se utiliza como materia prima, medio de refrigeración, agente de limpieza y transporte de residuos. Sin embargo, el uso inadecuado del agua en estos procesos puede provocar la contaminación de los cuerpos de agua por efluentes industriales, que muchas veces contienen sustancias tóxicas y difíciles de degradar.

La industria de alimentos y bebidas, por ejemplo, es uno de los mayores consumidores de agua, utilizándola en etapas como el lavado, el procesamiento y la desinfección. La industria del papel y la pulpa demanda grandes volúmenes de agua para la producción de pulpa y blanqueo de papel. En estos casos, la falta de un tratamiento adecuado de efluentes puede provocar la contaminación de ríos y acuíferos, comprometiendo la calidad del agua y la salud de los ecosistemas.

Prácticas sostenibles y regulación

Dados los desafíos asociados al uso del agua en la industria, la adopción de prácticas sostenibles se vuelve esencial para minimizar los impactos ambientales y asegurar la disponibilidad de este recurso para las generaciones futuras. Entre las medidas que se pueden implementar destacan las siguientes:

1. Eficiencia en el uso del agua: La modernización de los equipos y procesos de producción puede reducir significativamente el consumo de agua. Tecnologías como los sistemas de enfriamiento seco y los circuitos cerrados de agua son ejemplos de soluciones que promueven la eficiencia del agua.

2. Reutilización de Agua: La implementación de sistemas de tratamiento y reutilización de efluentes industriales permite reutilizar el agua en diferentes etapas de los procesos productivos, reduciendo la demanda de captación del recurso hídrico.

3. Gestión Integrada de Recursos Hídricos: La adopción de prácticas de gestión que consideren la disponibilidad local de agua y los impactos ambientales es esencial para asegurar el uso sostenible de este recurso. Esto incluye la realización de estudios de impacto ambiental y la participación en comités de cuencas hidrográficas.

4. Regulación y Políticas Públicas: La creación y aplicación de leyes y normas que regulen el uso del agua en la industria son esenciales para asegurar la sostenibilidad. Las políticas públicas que incentivan la adopción de tecnologías limpias y la reducción del consumo de agua también juegan un papel importante.

El uso del agua en la industria es fundamental para el desarrollo económico, pero también representa un desafío importante en términos de sostenibilidad. Sectores como la producción de energía, la minería y la manufactura dependen en gran medida de este recurso, pero su uso inadecuado puede generar graves impactos ambientales, como la contaminación de cuerpos de agua y la reducción de la disponibilidad de agua para otros usos. La adopción de prácticas sostenibles, combinadas con una regulación eficiente, es esencial para conciliar el crecimiento industrial con la preservación del medio ambiente y garantizar la seguridad hídrica para las generaciones presentes y futuras. Sólo mediante un enfoque integrado y responsable será posible garantizar el uso sostenible del agua en la industria.

USO DEL AGUA EN LA AGRICULTURA: RIEGO, PRODUCCIÓN DE ALIMENTOS E IMPACTOS AMBIENTALES.

El agua es un recurso vital no sólo para la vida, sino también para la producción de alimentos. En la agricultura, el agua es esencial para el crecimiento y desarrollo de las plantas, y su disponibilidad adecuada es un factor crítico para la producción agrícola. El riego es una práctica común en muchas zonas de esta producción y se utiliza para proporcionar agua a las plantas cuando las precipitaciones no son suficientes para satisfacer sus necesidades hídricas.

El riego es una técnica que tiene como objetivo suplir artificialmente las necesidades de agua de las plantas. Esta técnica permite cultivar cultivos en zonas donde las precipitaciones son insuficientes para favorecer su desarrollo. El riego se puede realizar de diversas maneras, incluido el riego por aspersión, el riego por goteo y el riego superficial.

El riego por aspersión es un método de riego que consiste en distribuir agua sobre los cultivos a través de un sistema de aspersores, que arrojan agua al aire, formando gotas que caen sobre las plantas y el suelo. Es un método de riego ampliamente utilizado en todo el mundo, especialmente en áreas donde el agua es limitada y los agricultores necesitan maximizar la eficiencia del uso del agua.

El método de riego por aspersión se puede dividir en dos tipos: riego por aspersión convencional y riego por aspersión localizada. En el riego por aspersión convencional, el agua se distribuye uniformemente en toda la superficie del cultivo, mientras que en el riego por aspersión localizado, el agua se distribuye solo a las raíces de las plantas, minimizando las pérdidas de agua por evaporación y escorrentía superficial.

Riego por aspersión Tiene varias ventajas sobre otros métodos. Es relativamente fácil de instalar y operar, requiere menos mano de obra que otros métodos de riego y puede adaptarse a diferentes tipos de suelo y cultivos. Además, el riego por aspersión puede ayudar a controlar las enfermedades de las plantas, ya que las gotas de agua pueden eliminar los patógenos que se acumulan en las hojas y en el suelo.

Sin embargo, este proceso tiene algunas desventajas. Puede ser menos eficiente que otros métodos de riego, ya que el agua se pierde por evaporación y escorrentía. Además, este método puede ser perjudicial para las plantas si el agua se distribuye de forma desigual, lo que da como resultado demasiada o muy poca humedad. La aplicación excesiva de agua también puede provocar la compactación del suelo y la lixiviación de nutrientes, lo que puede afectar la productividad de los cultivos y la calidad del suelo.

Para maximizar la eficiencia del riego por aspersión, es importante seleccionar el tipo de aspersor correcto y ajustar su tasa de aplicación para satisfacer las necesidades específicas del cultivo y del suelo. También es importante controlar periódicamente la humedad del suelo y ajustar el programa de riego según las condiciones climáticas locales. Con una gestión adecuada, el riego por aspersión puede ayudar a aumentar la productividad de los cultivos y conservar los recursos hídricos.

Riego por goteo Es un método de riego localizado que implica la aplicación de agua directamente a la base de las plantas, entregando agua directamente a las raíces en cantidades pequeñas y controladas. Es un método de riego altamente eficiente que puede reducir el uso de agua hasta en un 70% en comparación con otros métodos de riego como el riego superficial y el riego por aspersión. El sistema de riego por goteo consiste en tubos perforados que se colocan en el suelo, alrededor de las plantas, y liberan agua lentamente y en pequeñas cantidades directamente a las raíces de las plantas. Este proceso reduce la evaporación y la escorrentía superficial del agua, haciendo que el riego por goteo sea más eficiente y reduciendo el desperdicio de agua.

El riego por goteo se puede aplicar a diferentes tipos de suelo y cultivos, desde pequeños huertos domésticos hasta grandes plantaciones comerciales. El método es especialmente adecuado para cultivos que tienen una alta demanda de agua y son sensibles a las variaciones de la humedad del suelo, como verduras, frutas, cereales y plantas ornamentales.

Además de reducir el uso de agua, el riego por goteo también puede mejorar la productividad de los cultivos, aumentando el rendimiento y la calidad del producto. El método también puede ayudar a controlar las malezas, ya que el agua se aplica directamente a las raíces de las plantas en lugar de a las áreas circundantes.

Sin embargo, el riego por goteo también tiene desventajas. Se requiere una planificación cuidadosa para garantizar que las tuberías y los emisores estén colocados correctamente y que el sistema funcione correctamente. La obstrucción del emisor debido a la acumulación de sedimentos puede ser un problema común que requiere un mantenimiento frecuente. Además, la instalación inicial puede ser más costosa que otros métodos de riego.

En general, el riego por goteo es un método de riego altamente eficiente que puede ayudar a conservar agua y mejorar la productividad de los cultivos. Es importante que los agricultores evalúen cuidadosamente las necesidades de sus cultivos y las condiciones del suelo antes de decidir cuál es el método de riego más apropiado.

Riego superficial Es un método de riego que consiste en distribuir agua directamente sobre la superficie del suelo, generalmente a través de canales, surcos o aspersores. Es uno de los métodos más antiguos y más utilizados en todo el mundo, especialmente en las zonas rurales donde la agricultura es la principal fuente de sustento. El método de riego superficial es relativamente simple y requiere poca tecnología, lo que lo convierte en una opción accesible y económica para muchos agricultores. Sin embargo, puede resultar bastante ineficiente, ya que el agua se pierde por evaporación, infiltración profunda o escorrentía superficial. Estas pérdidas pueden verse agravadas por condiciones de viento o suelo compactado, que pueden provocar erosión del suelo.

El riego superficial se utiliza a menudo para cultivos de campo abierto, como arroz, maíz y trigo, pero puede no ser adecuado para cultivos más sensibles a la humedad, como frutas y verduras. Además, el uso excesivo de agua en este proceso puede provocar la salinización del suelo y reducir la calidad del agua, lo que puede perjudicar la salud humana y los ecosistemas locales.

Para mitigar los desafíos asociados con el riego superficial, muchos agricultores están adoptando prácticas de gestión del agua más eficientes, como el riego por goteo o por microaspersión. Estos métodos utilizan tecnología avanzada para suministrar agua directamente a las raíces de las plantas, minimizando la pérdida de agua y mejorando la eficiencia del uso del agua. Otro enfoque es integrar el riego superficial con otras técnicas de gestión del suelo, como la construcción de terrazas, que pueden ayudar a reducir la erosión del suelo y mejorar la retención de agua.

Sin agua, las plantas no pueden crecer y no pueden producir frutos ni granos. El riego permite que las plantas crezcan en zonas donde las precipitaciones no son suficientes para satisfacer sus necesidades de agua, permitiendo así aumentar la producción de alimentos. Sin embargo, la producción de alimentos también puede tener impactos negativos sobre el medio ambiente. El uso excesivo de agua en la agricultura puede provocar la degradación del suelo y la contaminación del agua. El riego excesivo puede aumentar los niveles de agua subterránea, lo que provoca salinización y alcalinización del suelo.

El uso del agua en la agricultura tiene importantes impactos ambientales. El riego puede provocar la degradación del suelo y la contaminación del agua por pesticidas, fertilizantes y otros productos químicos agrícolas. Además, el riego excesivo puede provocar salinización y alcalinización del suelo, haciéndolo inadecuado para la producción agrícola.

La agricultura también es un importante consumidor de agua. Según la Organización de las Naciones Unidas para la Alimentación y la Agricultura (FAO), la agricultura es responsable de alrededor del 70% del consumo de agua a nivel mundial. Esto significa que el uso del agua en la agricultura tiene un impacto significativo en el medio ambiente, especialmente en zonas donde el agua es escasa.

LAS PRINCIPALES CUENCAS HIDROGRÁFICAS DEL MUNDO

Algunas de las principales cuencas fluviales del mundo y sus implicaciones geopolíticas incluyen: La cuenca del río Amazonas es la cuenca fluvial más grande del mundo en términos de volumen de agua y área de drenaje. Cubre nueve países de América del Sur, incluidos Brasil, Perú, Colombia y Ecuador. La cuenca del Amazonas es rica en biodiversidad y recursos naturales, pero también enfrenta desafíos relacionados con la explotación insostenible de los recursos naturales y la amenaza del cambio climático.

La cuenca del río Nilo Es la cuenca fluvial más grande de África y abarca 11 países, incluidos Egipto, Sudán, Etiopía y Kenia. El río Nilo es una fuente vital de agua para riego y consumo humano, pero la gestión de los recursos hídricos en la región se complica por las tensiones políticas y los desafíos relacionados con el cambio climático.

La cuenca del río Congo Es la segunda cuenca fluvial más grande de África y abarca 13 países, entre ellos la República Democrática del Congo, Angola y Zambia. El río Congo es una importante fuente de agua para riego y pesca, pero también enfrenta desafíos relacionados con la gestión de los recursos hídricos, conflictos políticos y problemas ambientales.

La cuenca del río Yangtze Es la cuenca fluvial más grande de China y una de las más grandes del mundo. El río Yangtze es una importante fuente de agua para riego, transporte y generación de energía hidroeléctrica. La cuenca del río también es un importante centro de producción industrial y agrícola, pero enfrenta desafíos relacionados con la contaminación y la presión sobre los recursos hídricos.

La cuenca del río Mississippi Es la tercera cuenca fluvial más grande del mundo y cubre todo el centro de Estados Unidos. El río Misisipi es una fuente importante de agua para la agricultura, el transporte y la generación de energía hidroeléctrica, pero enfrenta desafíos relacionados con la contaminación y la gestión de los recursos hídricos.

La cuenca del río Ganges Cubre partes de India, Nepal, Bangladesh y China. El río Ganges es una fuente vital de agua para la agricultura, la industria y el consumo humano en la región, pero enfrenta desafíos relacionados con la contaminación y la gestión sostenible de los recursos hídricos.

La cuenca del río Danubio Cubre 19 países de Europa Central y Oriental, incluidos Alemania, Austria, Hungría y Rumania. El río Danubio es una importante ruta de transporte y fuente de agua para la agricultura y la industria de la región.

La cuenca del río Mekong Cubre seis países del sudeste asiático, incluidos China, Laos, Tailandia y Vietnam. El río Mekong es una fuente importante de agua para la agricultura, la pesca y la energía hidroeléctrica, pero enfrenta desafíos relacionados con la gestión de los recursos hídricos y la presión del desarrollo económico.

La cuenca del río Zambeze Cubre ocho países del sur de África, incluidos Angola, Botswana, Mozambique y Zambia. El río Zambeze es una importante fuente de agua para la agricultura, la pesca y la generación de energía hidroeléctrica en la región.

La cuenca del río Indo Cubre partes de India, Pakistán, China y Afganistán. El río Indo es una fuente vital de agua para la agricultura, la industria y el consumo humano en la región, pero enfrenta desafíos relacionados con la gestión sostenible de los recursos hídricos y conflictos políticos entre los países de la cuenca.

Éstas son sólo algunas de las muchas cuencas fluviales importantes del mundo, cada una con su propia importancia económica, ambiental y geopolítica.

LAS PRINCIPALES CUENCAS HIDROGRÁFICAS DEL BRASIL

Cuenca del río Amazonas:es la cuenca hidrográfica más grande del mundo en términos de volumen de agua, abarcando nueve países de América del Sur, incluido Brasil. El río Amazonas es una fuente importante de agua dulce, biodiversidad y recursos naturales, además de ser esencial para el mantenimiento del clima global.

Cuenca del río Paraná:es la segunda cuenca hidrográfica más grande de Brasil y abarca estados como Paraná, São Paulo, Mato Grosso do Sul y Minas Gerais. El río Paraná es una importante fuente de agua para la producción de energía hidroeléctrica y la navegación fluvial, además de ser importante para la pesca y la agricultura.

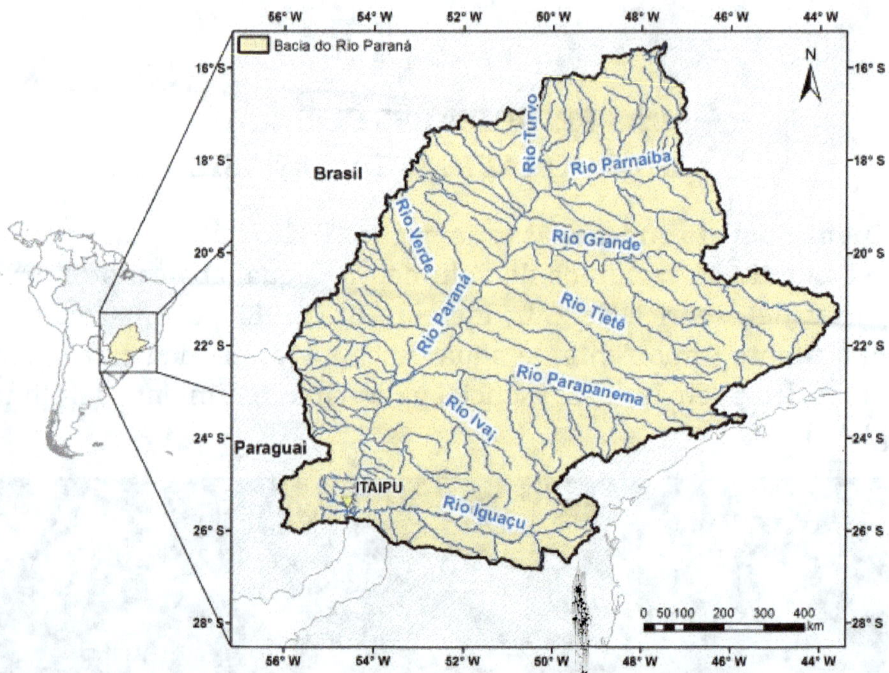

Cuenca del río São Francisco:es una de las principales cuencas hidrográficas de Brasil, abarcando estados como Minas Gerais, Bahía, Pernambuco y Alagoas. El río São Francisco es una importante fuente de agua para la agricultura, la industria, la generación de energía y el consumo humano, además de tener gran importancia cultural e histórica para el país.

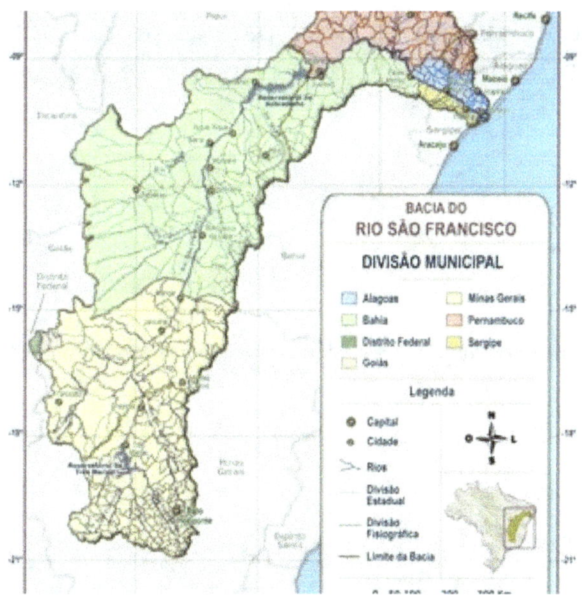

Cuenca del río Paraguay:abarca estados como Mato Grosso, Mato Grosso do Sul, Goiás y Minas Gerais. El río Paraguay es una importante fuente de agua para la pesca, la navegación y la producción de energía hidroeléctrica, además de ser un importante corredor de transporte para los países de la cuenca.

Cuenca del río Tocantins-Araguaia: Abarca estados como Tocantins, Pará, Maranhão y Goiás. El río Tocantins-Araguaia es una importante fuente de agua para la producción de energía hidroeléctrica, además de ser importante para la pesca, la navegación y la irrigación.

Cuenca del río Uruguay:cubre estados como Rio Grande do Sul y Santa Catarina. El río Uruguay es una importante fuente de agua para la agricultura, la pesca y la producción de energía hidroeléctrica, además de ser un importante corredor de transporte entre los países de la cuenca.

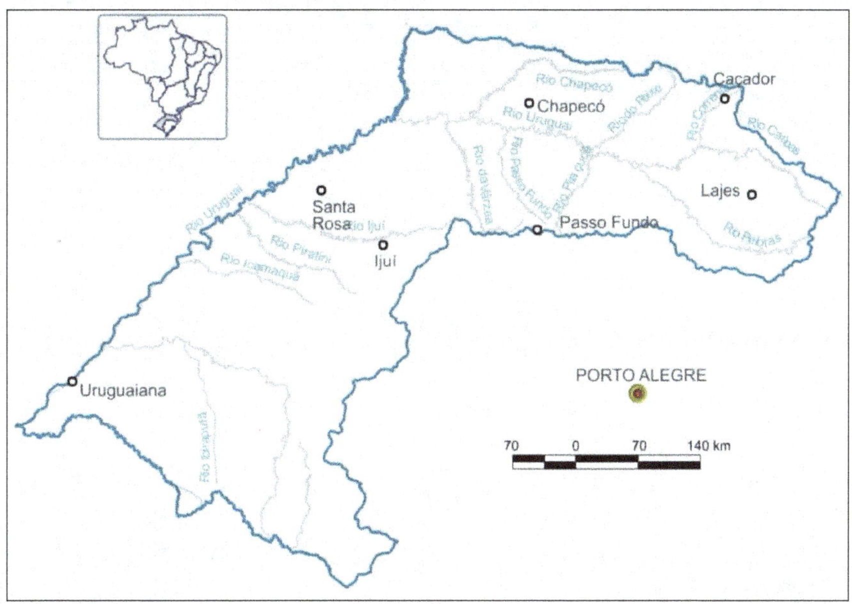

Cuenca del río Doce: cubre estados como Minas Gerais y Espírito Santo. El Río Doce es una importante fuente de agua para la agricultura, la industria y el consumo humano, además de tener gran importancia ambiental, cultural e histórica.

Cuenca del Río Grande:cubre estados como Minas Gerais, São Paulo y Paraná. El Río Grande es una importante fuente de agua para la producción de energía hidroeléctrica, además de ser importante para la navegación y el riego.

Cuenca del río Paraíba do Sul:cubre estados como São Paulo, Río de Janeiro y Minas Gerais. El río Paraíba do Sul es una importante fuente de agua para la agricultura, la industria y el consumo humano, además de ser importante para la producción de energía hidroeléctrica.

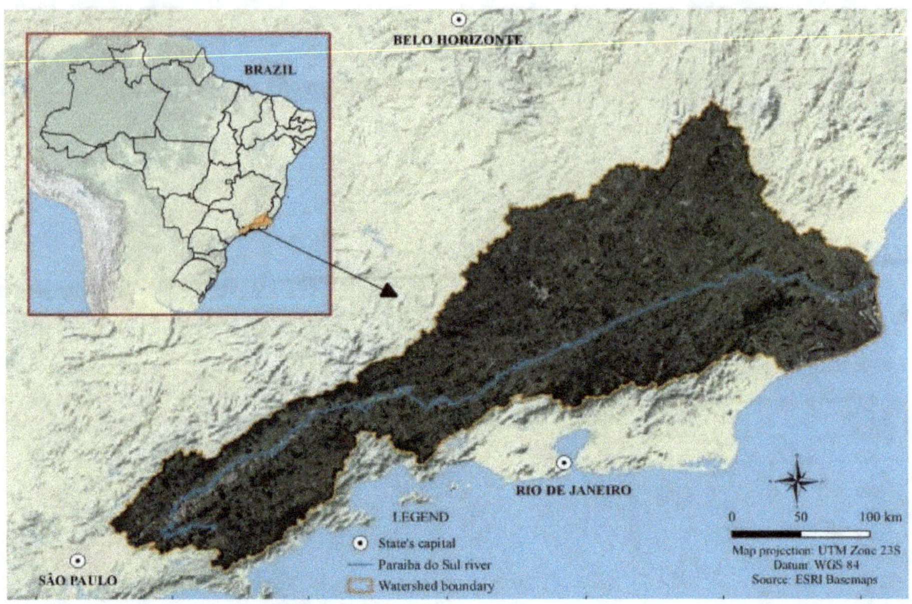

Cuenca del río Madeira: Abarca estados como Rondônia y Amazonas. El río Madeira es una importante fuente de agua para la producción de energía hidroeléctrica, además de ser importante para la navegación y la pesca.

Éstas son sólo algunas de las muchas cuencas hidrográficas de Brasil, cada una con su propia importancia económica, ambiental y social.

ACUÍFERO ALTER DO CHÃO

1.El Acuífero Alter do Chão se encuentra en la región amazónica, debajo de la ciudad de Santarém (PA) y del pueblo de Alter do Chão, de donde recibe su nombre. Se extiende sobre una vasta área de la cuenca sedimentaria amazónica, abarcando estados como:

- A
- Amazonas
- Amapá
- Maranhão

Su extensión total aún no está del todo definida, pero estudios indican que puede superar los 437.500 km².

---

2. Capacidad de agua: Se estima que el volumen de agua del Acuífero Alter do Chão es superior a 86 mil km³ y puede ser aún mayor. Esto lo convierte en uno de los mayores depósitos de agua dulce del mundo. A modo de comparación, este volumen es mayor que el del Acuífero Guaraní, que ronda los 45 mil km³.

Con base en estas cifras, Alter do Chão podría abastecer a la población mundial durante cientos de años sin riesgo de agotamiento, siempre que la extracción de agua se hiciera de manera sostenible.

---

3. Formación geológica: El acuífero está formado por rocas sedimentarias del periodo Terciario, compuestas predominantemente por areniscas muy porosas y permeables. Esta característica permite el almacenamiento y movimiento eficiente del agua subterránea.

El acuífero se recarga principalmente a través de la infiltración del agua de lluvia, abundante en la región amazónica.

---

4. Importancia: 4.1 Abastecimiento de agua

- Es una fuente crucial de agua potable para muchas

comunidades amazónicas.

- El agua del acuífero es de excelente calidad y a menudo puede consumirse sin necesidad de tratamiento.
- Potencial para ser una reserva estratégica de agua para el futuro, especialmente ante el cambio climático y las crisis hídricas mundiales.

4.2 Equilibrio ecológico

- Contribuye al mantenimiento de los ríos de la región amazónica, liberando lentamente agua en los sistemas fluviales.
- Mantiene los ecosistemas locales que dependen del agua subterránea.

---

5. Riesgos y amenazas:A pesar de su enorme potencial, el Acuífero Alter do Chão enfrenta amenazas que podrían comprometer su calidad y disponibilidad. Los principales riesgos incluyen:

5.1 Explotación predatoria

- El aumento de la extracción incontrolada de agua puede provocar un agotamiento local.
- La exploración no monitoreada puede causar intrusión de sedimentos o contaminación.

5.2 Contaminación

- El crecimiento urbano desordenado, como en Santarém (PA), puede generar contaminación por aguas residuales y residuos industriales.
- Actividades como la minería ilegal, el uso excesivo de pesticidas y la deforestación pueden comprometer la calidad del agua.

5.3 Cambio climático

- Los cambios en los patrones de precipitaciones pueden afectar la tasa de recarga del acuífero.
- El aumento de las temperaturas puede intensificar la evaporación y reducir la disponibilidad de agua.

---

6. Comparación con el Acuífero Guaraní: El Acuífero Alter do

Chão es frecuentemente comparado con el Acuífero Guaraní, más conocido internacionalmente. Algunas diferencias importantes entre ellos son:

Caracteristica	Aquífero Alter do Chão	Aquífero Guarani
Volume de água	86 mil km^3 (estimado)	45 mil km^3
Extensão	437.500 km^2	1,2 milhões de km^2
Localização	Norte do Brasil (Amazônia)	Sul e Centro-Oeste do Brasil, Paraguai, Uruguai e Argentina
Tipo de rocha	Arenito extremamente poroso	Arenito com camadas menos permeáveis
Recarregar	Alta (chuvas amazônicas)	Média (menor volume de chuvas)

O Alter do Chão pode conter mais água que o Guarani, mas o segundo tem maior extensão territorial.

ACUÍFERO GUARANÍ

El Acuífero Guaraní es uno de los reservorios de agua subterránea más grandes e importantes del mundo. Se extiende por cuatro países sudamericanos (Brasil, Argentina, Paraguay y Uruguay) y desempeña un papel estratégico en el abastecimiento y la sostenibilidad hídrica de la región. A continuación presento una visión completa de este acuífero.

---

1. Ubicación y extensión: El Acuífero Guaraní cubre una superficie de aproximadamente 1,2 millones de km², distribuidos entre los siguientes países:

- **Brasil**– 840 mil km² (70% del acuífero)
- **Argentina**– 225 mil km² (18,7%)
- **Paraguay**– 71,7 mil km² (6%)
- **Uruguay**– 58,5 mil km² (4,8%)

En Brasil, se extiende por ocho estados: Mato Grosso, Mato Grosso do Sul, Goiás, Minas Gerais, São Paulo, Paraná, Santa Catarina y Rio Grande do Sul.

---

2. Volumen y capacidad de agua: El volumen estimado de agua almacenada en el Acuífero Guaraní es de aproximadamente 45 mil km³. De este total, unos 1.600 km³ podrían extraerse anualmente de forma sostenible.

Esta cantidad es suficiente para abastecer a la población mundial durante varias décadas, considerando un uso racional y equilibrado.

---

3. Formación geológica: El acuífero está compuesto predominantemente por areniscas de la era Mesozoica (formaciones Botucatu y Pirambóia), con buena porosidad y permeabilidad, lo que permite la infiltración y almacenamiento de agua. Está confinado por capas de basalto de la Formación Serra Geral, que actúan como una especie de "tapa", dificultando que el agua almacenada se contamine.

La recarga de los acuíferos se produce principalmente a través de la infiltración de agua de lluvia, siendo más eficiente en zonas donde las capas superficiales son más permeables.

4. Importancia: El Acuífero Guaraní cumple un rol clave en la seguridad hídrica de Sudamérica. Entre sus principales funciones se encuentran:

4.1 Abastecimiento de agua

- Proporciona agua potable a millones de personas en las regiones donde está presente.
- Se utiliza tanto para consumo doméstico como para actividades agrícolas e industriales.

4.2 Equilibrio ecológico

- Contribuye al mantenimiento de ríos, lagos y manantiales, liberando gradualmente las aguas subterráneas.
- Actúa en la regulación del clima local interactuando con los ecosistemas.

4.3 Turismo y potencial económico

- El agua del Acuífero Guaraní alimenta varias fuentes termales en ciudades turísticas de Brasil y Uruguay.
- El turismo termal es un atractivo económico importante en ciudades como Caldas Novas (GO) y São Pedro (SP).

5. Riesgos y amenazas:A pesar de su inmensa importancia, el Acuífero Guaraní enfrenta amenazas que podrían comprometer su calidad y disponibilidad de agua.

5.1 Sobreexplotación

- El uso descontrolado de las aguas subterráneas puede reducir su disponibilidad a largo plazo.
- El crecimiento de la población y el mayor uso agrícola

intensifican la extracción.

5.2 Contaminación

- El acuífero es vulnerable a la contaminación por pesticidas, fertilizantes y aguas residuales, especialmente en zonas donde la recarga se produce directamente.
- El vertido irregular de residuos industriales puede contaminar las aguas subterráneas.

5.3 Cambio climático

- Los cambios en los patrones de precipitaciones pueden reducir la tasa de recarga natural del acuífero.
- El aumento de las temperaturas puede intensificar la evaporación y el consumo de agua en la región.

6. Comparación con el acuífero Alter do Chão

El Acuífero Guaraní se compara a menudo con el Acuífero Alter do Chão, otro gran reservorio subterráneo brasileño. A continuación, una tabla comparativa entre ambos:

Caracteristica	Aquífero Guarani	Aquífero Alter do Chão
Volume de água	45 mil km^3	86 mil km^3
Extensão	1,2 milhões de km^2	437.500 km^2
Localização	Brasil, Argentina, Paraguai e Uruguai	Norte do Brasil (Amazônia)
Tipo de rocha	Arenito confinado por basalto	Arenito extremamente poroso
Recarregar	Moderada (depende da permeabilidade do solo)	Alta (chuvas intensas da Amazônia)

Apesar de ser menos volumoso que Alter do Chão, o Guarani tem uma importância estratégica maior devido à sua proximidade com grandes centros urbanos e agrícolas.

7. Gestión y protección

Ante los riesgos y desafíos, la preservación del Acuífero Guaraní requiere políticas públicas y acciones sustentables, tales como:

- **Monitoreo continuo**La calidad y cantidad de agua extraída.
- **Regulación del uso de aguas subterráneas**para evitar la sobreexplotación.
- **Control ambiental**para evitar la contaminación por

aguas residuales y productos químicos.

- **Cooperación internacional**, ya que el acuífero es compartido por cuatro países.

Un hito importante fue el Proyecto Acuífero Guaraní, financiado por el Banco Mundial y ejecutado entre 2003 y 2009, con el objetivo de crear un modelo de gestión sustentable para los países involucrados.

El Acuífero Guaraní es uno de los reservorios de agua subterránea más grandes y valiosos del mundo y cumple un papel esencial en el abastecimiento de agua para la población, la agricultura y la industria en América del Sur. Sin embargo, su preservación requiere una planificación rigurosa para evitar la contaminación y la sobreexplotación. Si se gestiona bien, puede garantizar la seguridad hídrica de millones de personas durante siglos.
Si quieres más detalles sobre un área específica del acuífero, ¡puedo entrar en más detalles!

Ilustración

EL RÍO HAMZA

El río Hamza es un río subterráneo que nace en la Cordillera de los Andes, en Perú, en la misma región que el río Amazonas. Su origen es poco conocido, debido a su ubicación subterránea, pero estudios recientes indican que se origina a una altitud aproximada de 5.200 metros sobre el nivel del mar y tiene una extensión de 6 mil kilómetros.

A diferencia del río Amazonas, que es un río superficial, el río Hamza fluye bajo tierra, permaneciendo subterráneo desde su nacimiento hasta su desembocadura. Recorre gran parte de Sudamérica, pasando por países como Perú, Brasil y Colombia.

El nombre "río Hamza" es un homenaje a la geóloga brasileña Valiya Mannathal Hamza, quien descubrió la presencia de agua subterránea en la región amazónica durante la década de 1970. La existencia del río Hamza fue confirmada por investigadores en 2011, después de realizar estudios geofísicos en la región.

Según los científicos, el río Hamza se alimenta del agua de lluvia y del deshielo que se infiltra en el suelo, formando un acuífero subterráneo que alimenta el río. Este acuífero está formado por rocas porosas que permiten que el agua circule dentro de él.

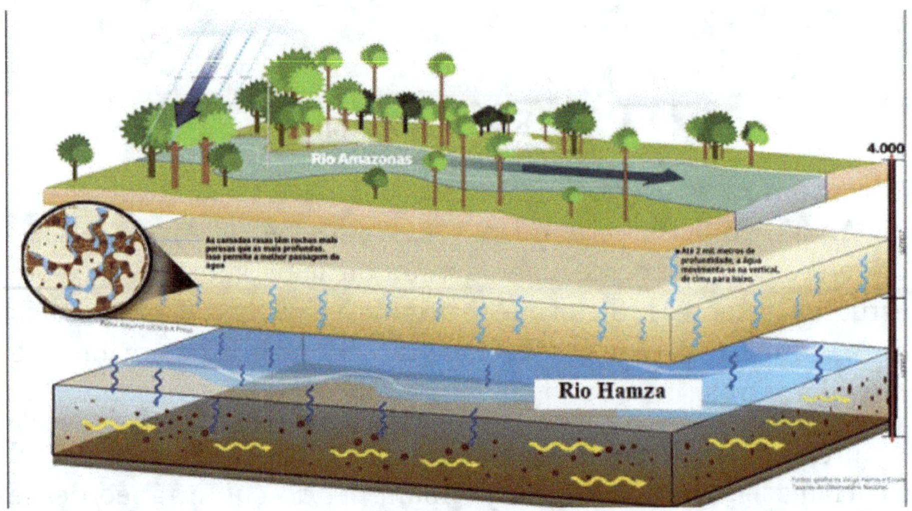

El descubrimiento del río Hamza es de gran importancia para el estudio de la hidrología y geología de América del Sur, ya que puede ser responsable de transportar una gran cantidad de agua subterránea a través de la región. Además, la presencia de este río puede explicar el comportamiento de otros ríos de la región, que presentan caudales importantes incluso durante periodos secos.

El río Hamza está formado por toda el agua que se percola (agua que pasa a través del suelo y rocas permeables desembocando en reservorios subterráneos) desde la superficie hasta profundidades de 2 mil metros, llegando hasta el fondo de las cuencas de la región amazónica. En este sentido, todos los yacimientos subterráneos y también las aguas superficiales contribuyen a la formación de este flujo subterráneo.

Sin embargo, explorar el río Hamza sigue siendo un desafío para la ciencia, ya que su ubicación subterránea dificulta el acceso y la recopilación de información sobre su longitud y comportamiento. Por lo tanto, son necesarios nuevos estudios para comprender mejor la importancia de este río para la región y cómo su presencia puede afectar el equilibrio hidrológico de Sudamérica.

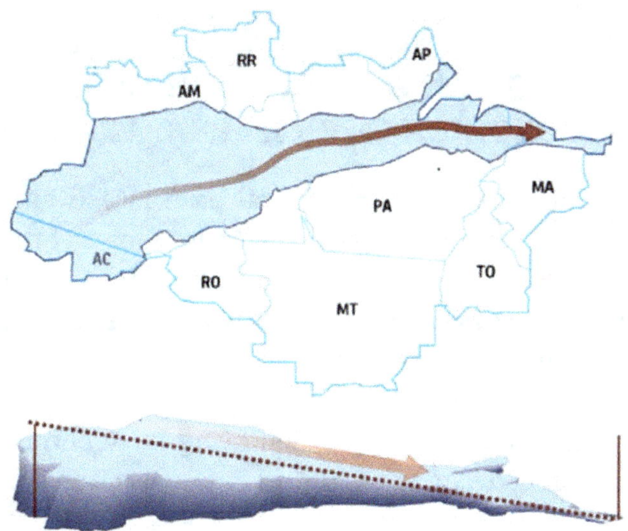
RR
AP
AM
MA
PA
AC
RO
TO
MT

ACCIÓN ANTRÓPICA Y TRAGEDIA ECOLÓGICA EN EL MAR DE ARAL

La tragedia ecológica del Mar de Aral es un caso emblemático de cómo la intervención humana puede tener consecuencias devastadoras para el medio ambiente. Situado en la región de Asia Central, entre Kazajstán y Uzbekistán, que formaban parte de la antigua Unión Soviética, el mar de Aral fue una vez uno de los lagos más grandes del mundo, ocupando entre el cuarto y el quinto lugar en términos de volumen de agua, dependiendo de la época del año. En la década de 1960, el lago tenía una superficie de 68.000 km² y un volumen de agua de 1.100 km³. Sin embargo, la construcción de presas y canales para el riego de tierras agrícolas durante las últimas décadas ha provocado una reducción drástica del volumen de agua que alimentaba el mar, lo que ha provocado un deterioro medioambiental sin precedentes.

La pérdida de agua provocó un aumento significativo de la salinidad en el mar de Aral, con impactos negativos sobre la fauna y la flora acuáticas, así como sobre las comunidades locales que dependían de la pesca para su sustento. La alta concentración de sal impidió el crecimiento de organismos acuáticos, provocando la muerte masiva de peces, crustáceos y algas. Como resultado, la biodiversidad de la región se ha visto significativamente comprometida y las especies que anteriormente habitaban el Mar de Aral se han extinguido o han migrado a otras zonas.

Además, la falta de agua ha provocado cambios en el clima de la región, con un aumento de vientos fuertes que arrastran arena y polvo. Estos fuertes vientos provocan tormentas de arena y aumentan el riesgo de enfermedades respiratorias entre la población local. Las tormentas de arena también afectan a la agricultura de la región, provocando la pérdida de cosechas y reduciendo su productividad.

La tragedia ecológica del Mar de Aral demuestra cómo la intervención humana en el medio ambiente puede tener efectos negativos a largo plazo. Las consecuencias ambientales, sociales y económicas son profundas y afectan no sólo a la región sino al mundo en general. Restaurar el ecosistema del mar de Aral es un desafío

La región del Mar de Aral que se ha convertido en un desierto.
Foto: Daniel Prudek / Shutterstock.com

es importante y requiere la cooperación de los gobiernos, las organizaciones internacionales y las comunidades locales. La restauración implica implementar medidas para mejorar la calidad del agua, reintroducir especies nativas e implementar prácticas agrícolas sostenibles para reducir la demanda de agua en la región. Aún hoy, la región sufre, estando geopolíticamente a merced de países con abundantes recursos hídricos.

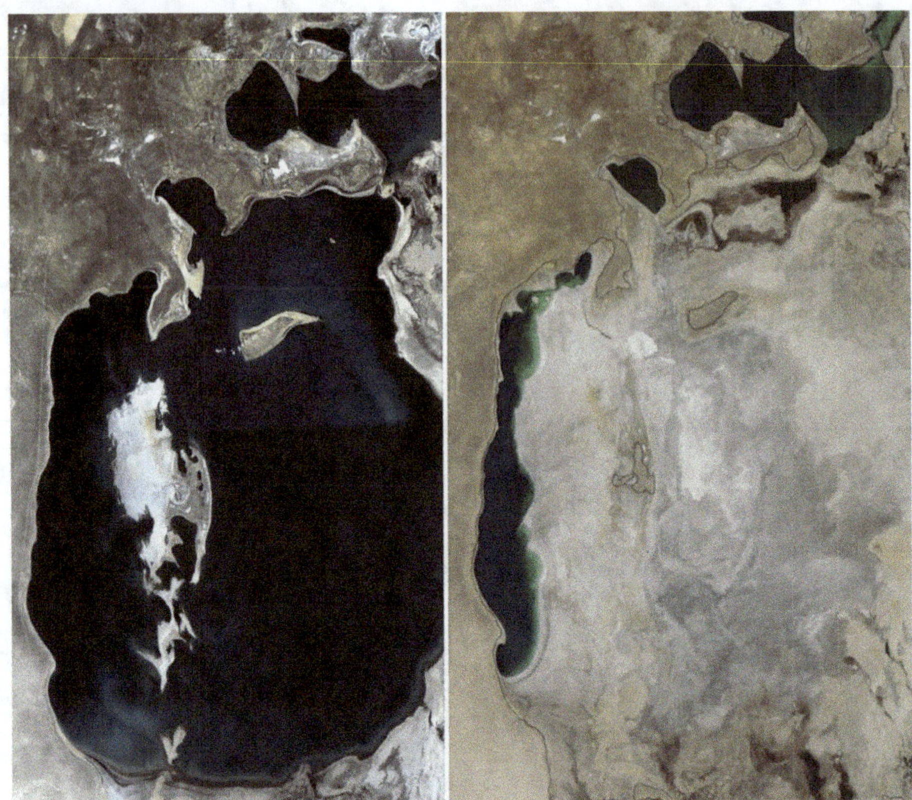

El proceso de desertificación del Mar de Aral fue rápido. A la izquierda, foto
Imagen satelital de 1989. Derecha, 2014. Créditos: NASA.

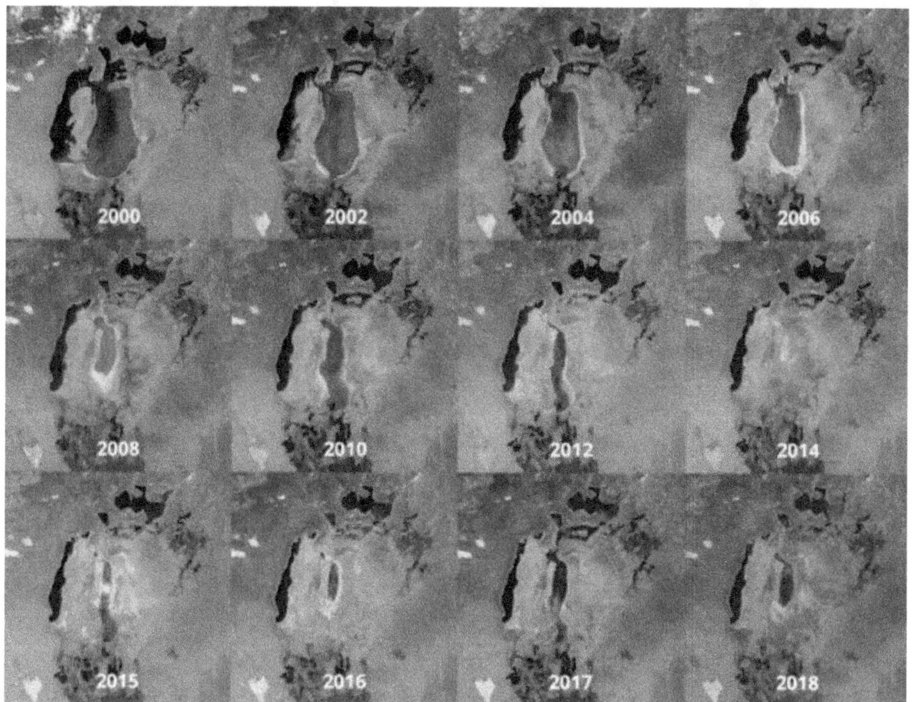

Foto/imagen: Créditos: NASA.

LA MORFOLOGÍA DE LOS
CANALES DE LOS FLUVIOS

La morfología de los cauces de un río se refiere a las características físicas y geográficas que conforman un río, como su forma, tamaño, profundidad, velocidad del agua y el tipo de lecho que conforma el fondo del río. Estos factores influyen en la dinámica del flujo del agua y en la capacidad del río para transportar sedimentos, así como en la fauna y flora que habita en sus riberas.

Uno de los principales factores que influyen en la morfología de los cauces de los ríos es el clima y el tipo de suelo de la región, ya que afectan el volumen y la velocidad del agua que corre por el río. Otros factores incluyen la topografía local, la geología de la región y la historia del uso de la tierra.

Los cauces de los ríos pueden tener diferentes formas, desde canales rectos y uniformes hasta canales sinuosos y serpenteantes. La forma del canal está influenciada por factores como la velocidad del agua, la erosión y el transporte de sedimentos. La profundidad y el ancho del canal están determinados por la cantidad de agua que fluye por el río y los sedimentos que transporta. El tipo de lecho puede estar compuesto por diferentes tipos de sedimentos, como arena, grava, piedras o lodo.

La morfología de los cauces de los ríos es un aspecto importante para comprender el funcionamiento de los ecosistemas fluviales y para la gestión sostenible de los recursos hídricos. Cambiar la morfología del canal, como enderezar o desviar un río, puede tener impactos significativos en la biodiversidad local y en la capacidad del río para proporcionar servicios ecosistémicos como la purificación del agua y la regulación del clima.

Existen varios tipos de morfologías de ríos, cada una con

características distintas que afectan la dinámica del flujo de agua y la formación de hábitats naturales. A continuación se muestran algunos de los tipos más comunes:

Río recto:son ríos que corren en línea recta, sin mucha curvatura. Su morfología está influenciada principalmente por el sustrato rocoso de la región y la pendiente del terreno. Estos ríos generalmente tienen una velocidad de flujo más rápida y un lecho de sedimentos más limpio, pero son menos biodiversos que otros tipos de ríos porque tienen menos hábitats naturales.

Río serpenteante:son ríos que forman curvas pronunciadas a lo largo de su curso. Estos ríos se caracterizan por una serie de curvas sinuosas, que se forman por la erosión y la deposición de sedimentos a lo largo del tiempo. Los ríos serpenteantes tienden a tener velocidades de flujo más lentas y lechos más diversos, lo que crea hábitats naturales para una variedad de especies acuáticas y terrestres.

Río entrelazado:son ríos que tienen varios cauces que se interconectan formando una red compleja de cursos de agua. Estos ríos suelen encontrarse en zonas con gran volumen de agua y amplia llanura de inundación. Suelen tener velocidades de flujo relativamente lentas y se sabe que crean hábitats naturales importantes para la vida acuática.

Río llano:son ríos que discurren en zonas planas, con poca elevación. Se caracterizan por tener un lecho amplio y generalmente poco profundo, con un flujo de agua relativamente lento. Estos ríos crean hábitats naturales importantes para una variedad de especies acuáticas y terrestres.

Río de montaña:son ríos que corren en zonas montañosas, con mayores elevaciones. Se caracterizan por tener un lecho estrecho y rocoso y un flujo de agua rápido. Estos ríos a menudo son interrumpidos por cascadas y cascadas, creando hábitats naturales únicos para la vida acuática.

La morfología de los ríos es uno de los factores que afectan la disponibilidad y calidad del agua en una región determinada y, por lo tanto, puede ser un factor importante en la geopolítica del agua. A continuación se presentan algunos ejemplos de cómo la morfología de los ríos puede relacionarse con la geopolítica del agua:

Disponibilidad de agua: La morfología de un río puede afectar la cantidad y calidad del agua disponible en una región determinada. Por ejemplo, los ríos de las tierras bajas generalmente tienen un flujo de agua más lento y pueden sufrir más contaminación del agua, lo que puede afectar la disponibilidad de agua potable para las comunidades locales.

Disputas por el agua: Cuando la morfología de un río crea una frontera natural entre diferentes países o regiones, pueden surgir disputas sobre la gestión y propiedad del agua. Por ejemplo, si un río fluye por varios países, puede haber disputas sobre cuánta agua puede utilizar cada país y cómo debe gestionarse.

Impactos ambientales: Los cambios en la morfología de los ríos, como el enderezamiento o la construcción de represas, pueden tener impactos ambientales significativos, afectando la biodiversidad, la calidad del agua y los ecosistemas que dependen del río. Estos impactos pueden generar conflictos entre diferentes grupos de interés, como empresas, comunidades locales y grupos ambientalistas.

Seguridad hídrica: La morfología de los ríos puede afectar la seguridad hídrica de una región, especialmente durante períodos de sequía o escasez de agua. Por ejemplo, si un río se alimenta de manantiales en zonas montañosas, puede haber preocupaciones sobre la disponibilidad de agua durante períodos secos o cuando el agua se desvía para otros usos, como el riego o la industria.

GEOPOLÍTICA DEL ALIVIO Y DEL AGUA

La geopolítica del agua se refiere a la distribución geográfica de los recursos hídricos y a la dinámica política, económica y social que rodea su uso, gestión y control por parte de diferentes países o regiones. La escasez de agua, la desigualdad en su distribución y la creciente demanda de este recurso han incrementado los conflictos y disputas sobre su propiedad y gestión, como ya se ha mencionado. En este contexto, el relieve de una región surge como un factor determinante en la distribución y disponibilidad de los recursos hídricos, influyendo directamente en la dinámica geopolítica relacionada con el agua. A continuación, analizamos cómo los diferentes tipos de relieve se asocian con la geopolítica del agua.

Montañas: fuente de agua y fronteras naturales

Las montañas desempeñan un papel crucial en el ciclo hidrológico, actuando como fuentes importantes de agua dulce para las regiones adyacentes. Son responsables de la formación de ríos, lagos y acuíferos, que abastecen a las poblaciones y ecosistemas río abajo. Sin embargo, las cadenas montañosas a menudo funcionan como fronteras naturales entre países o regiones, lo que puede generar disputas geopolíticas en torno a la gestión y el uso compartido de los recursos hídricos Ejemplos emblemáticos incluyen las tensiones entre países que comparten cuencas fluviales transnacionales, como el río Jordán en Oriente Medio y el río Ganges entre India y Bangladesh. La gestión equitativa y sostenible de estos recursos requiere acuerdos internacionales y cooperación entre las naciones involucradas.

Llanuras: aguas subterráneas y conflictos de intereses

Las llanuras, aunque generalmente tienen menor disponibilidad de agua superficial en comparación con las montañas, suelen ser ricas en recursos de agua subterránea. Los acuíferos extensos, como el Acuífero Guaraní en América del Sur, analizado en los capítulos anteriores, son esenciales para el abastecimiento de agua en las regiones planas. Además, los ríos que atraviesan llanuras tienden a ser más lentos y anchos, favoreciendo actividades como el riego agrícola y la navegación. Sin embargo, la explotación intensiva de estos recursos puede generar conflictos entre diferentes grupos de intereses, como los agricultores, las industrias y las comunidades locales. La sobreexplotación de los acuíferos y la contaminación de los ríos son desafíos comunes que requieren políticas públicas efectivas y mecanismos de gestión integrados.

Desiertos: escasez e innovación tecnológica

Los desiertos se caracterizan por una extrema escasez de agua dulce, lo que hace que su gestión sea un tema crítico para la supervivencia de las poblaciones y los ecosistemas. En las regiones áridas, la competencia por recursos hídricos limitados puede generar conflictos entre diferentes usuarios, como las comunidades locales y los sectores agrícola e industrial. Para abordar estos desafíos, tecnologías como la desalinización de agua de mar y el reciclaje de aguas residuales han ganado importancia. Sin embargo, estas soluciones a menudo implican altos costos e impactos ambientales, por lo que requieren una planificación cuidadosa y la adopción de prácticas sostenibles. La gestión del agua en los desiertos también está influida por factores geopolíticos, como en el caso de Oriente Medio, donde el agua es un recurso estratégico y una fuente de tensiones regionales.

Islas: limitaciones y desafíos de la gestión

Las islas, debido a su ubicación geográfica y su pequeño tamaño, enfrentan desafíos únicos en cuanto a la disponibilidad de agua dulce. La dependencia de acuíferos limitados y de la captación de agua de lluvia hace que las islas sean especialmente vulnerables a la escasez de agua, especialmente en el contexto del cambio climático y el aumento del nivel del mar. Además, la presión de actividades como el turismo puede exacerbar la competencia por los recursos hídricos entre los visitantes y las comunidades locales. La gestión del agua en las islas requiere estrategias adaptativas, como el uso eficiente de los recursos, la protección de los acuíferos y la implementación de sistemas de desalinización.

Regiones costeras: abundancia y vulnerabilidad

Las regiones costeras generalmente tienen una abundancia relativa de agua dulce, proveniente de ríos, acuíferos y precipitaciones. Sin embargo, estas zonas son muy vulnerables a desastres naturales como inundaciones, tormentas y la intrusión de agua salada en los acuíferos costeros. La gestión del agua en las regiones costeras debe considerar la protección de los recursos hídricos contra la contaminación salina y la implementación de infraestructuras resilientes a eventos climáticos extremos. Además, la presión demográfica y el desarrollo económico en estas zonas a menudo exacerban los conflictos por el uso del agua, lo que requiere planificación territorial y políticas de gestión integradas.

El relieve de una región es un factor determinante en la distribución y disponibilidad de los recursos hídricos, influyendo directamente en la dinámica geopolítica relacionada con el agua. Las montañas, las llanuras, los desiertos, las islas y las regiones costeras presentan desafíos específicos que exigen enfoques diferenciados para la gestión sostenible del agua. Superar estos desafíos requiere la adopción de políticas públicas efectivas, la promoción de la cooperación internacional y la implementación de tecnologías innovadoras. Sólo a través de una gestión integrada y equitativa será posible garantizar la seguridad hídrica y evitar conflictos en un escenario de creciente escasez y competencia por los recursos hídricos.

LA GEOPOLÍTICA DEL AGUA Y EL CLIMA

La geopolítica del agua está intrínsecamente ligada a la dinámica climática, ya que la disponibilidad y distribución de los recursos hídricos están profundamente influenciadas por los patrones climáticos de cada región. El cambio climático, caracterizado por el aumento de las temperaturas globales y los cambios en los patrones de precipitaciones, ha exacerbado las tensiones geopolíticas en torno al agua, especialmente en zonas donde la escasez de agua ya es una realidad. Este capítulo explora las interacciones entre la geopolítica del agua y el clima en diferentes contextos regionales, destacando los desafíos y conflictos asociados con la gestión de este recurso vital.

Regiones áridas y semiáridas: escasez y conflictos

En las regiones áridas y semiáridas, la escasez de agua es un problema crónico, agravado por las precipitaciones irregulares y la alta evapotranspiración. La disponibilidad de agua en estos lugares está directamente relacionada con el clima, con períodos prolongados de sequía que pueden durar años. Los países que comparten acuíferos subterráneos, ríos y lagos, como los de Oriente Medio y el norte de África, a menudo enfrentan disputas sobre el uso y la gestión de esos recursos.

Además, el uso excesivo de agua para la agricultura de regadío y las actividades industriales en regiones áridas ha provocado la sobreexplotación de los acuíferos y la desertificación. La reducción de los niveles de agua en embalses como el Mar de Aral en Asia Central ilustra cómo la mala gestión del agua puede provocar daños ambientales irreversibles y exacerbar la escasez, aumentando el potencial de conflicto.

Regiones tropicales y ecuatoriales: monzones y desafíos de gestión

En las regiones tropicales y ecuatoriales, la distribución del agua está marcada por temporadas de lluvias intensas, seguidas de períodos de sequía. Los monzones, que aportan importantes volúmenes de precipitaciones en cortos intervalos de tiempo, son esenciales para recargar los acuíferos y abastecer las cuencas fluviales. Sin embargo, la variabilidad climática y los fenómenos extremos, como inundaciones y sequías prolongadas, han afectado la disponibilidad de agua y han creado desafíos para la gestión compartida de los recursos hídricos.

Los países que comparten cuencas fluviales en estas regiones, como India, Bangladesh y Nepal en el caso del río Ganges-Brahmaputra, a menudo enfrentan disputas relacionadas con el control de presas y embalses. La construcción de estas estructuras, aunque necesarias para el almacenamiento de agua y la generación de energía, puede alterar el flujo natural de los ríos, afectando los ecosistemas y las comunidades río abajo. Además, la falta de acuerdos de cooperación regional efectivos ha obstaculizado la gestión equitativa y sostenible de estos recursos.

Regiones templadas y frías: derretimiento de los glaciares e incertidumbre hídrica

En las regiones templadas y frías, la disponibilidad de agua está estrechamente vinculada a las nevadas y al derretimiento de los glaciares. Sin embargo, el calentamiento global ha acelerado el derretimiento de los glaciares y reducido la cubierta de nieve, comprometiendo la disponibilidad de agua a largo plazo. Los ríos que dependen del deshielo estacional, como el Colorado en Estados Unidos y el Yangtze en China, enfrentan importantes reducciones en su caudal, lo que afecta a millones de personas que dependen de estos recursos para el suministro de agua, la agricultura y la generación de energía.

El derretimiento de los glaciares también tiene implicaciones geopolíticas. En Asia Central, por ejemplo, el reparto del agua de los ríos Amu Darya y Syr Darya, que dependen del deshielo de las montañas Pamir y Tian Shan, ha sido una fuente de tensión entre países como Uzbekistán, Tayikistán y Kirguistán. La menor disponibilidad de agua debido al calentamiento global puede exacerbar estos conflictos, especialmente en regiones donde la cooperación transfronteriza es limitada.

La geopolítica del agua está profundamente influenciada por la dinámica climática, que varía significativamente entre regiones áridas, tropicales y templadas. La escasez de agua, agravada por el cambio climático, ha generado conflictos y tensiones en torno al uso y la gestión de los recursos hídricos compartidos. Para enfrentar estos desafíos, es esencial promover la cooperación internacional, invertir en tecnologías de gestión sostenible y adoptar políticas que equilibren las necesidades humanas con la preservación del medio ambiente. El agua, como recurso estratégico, seguirá desempeñando un papel central en las relaciones geopolíticas, lo que requerirá enfoques innovadores y colaborativos para garantizar su disponibilidad y acceso equitativo.

EL MERCADO DEL CARBONO

Uno de los temas centrales de la 22ª edición de la Conferencia de las Naciones Unidas (ONU) sobre el Cambio Climático (COP22), el mercado de carbono se ha convertido en un pilar de los esfuerzos internacionales para fomentar la reducción de los gases de CO^2. Un grupo de académicos, ambientalistas y activistas sociales han estado cuestionando la sobrevaloración que los líderes mundiales dan a la fijación de precios del carbono como solución a los problemas del calentamiento global. En Brasil, representantes de comunidades ubicadas en regiones ricas en recursos naturales denuncian sufrir acoso por parte de empresas enfocadas en actividades económicas forestales.

El mercado de carbono es un mecanismo cuyo objetivo principal es reducir las emisiones de gases de efecto invernadero (GEI) mediante el comercio de créditos de carbono. Este mercado surgió como resultado del Protocolo de Kyoto, que estableció objetivos de reducción de emisiones para los países desarrollados. Funciona así: las empresas que emiten más gases de efecto invernadero de lo permitido por la ley necesitan adquirir créditos de carbono, que son emitidos por empresas que han logrado reducir sus emisiones. De esta forma, las empresas que contaminan pueden comprar créditos de carbono para compensar sus emisiones y cumplir así los objetivos establecidos.

Existen dos tipos de mercado de carbono: el mercado voluntario y el mercado regulado.

El mercado voluntario Es aquel en el que las empresas compran créditos de carbono por iniciativa propia, sin obligación legal.

El mercado regulado Es aquel en el que las empresas están obligadas a cumplir objetivos de reducción de emisiones establecidos por leyes y regulaciones gubernamentales.

Este mercado ha sido una herramienta importante en la lucha contra el cambio climático, incentivando a las empresas a reducir sus emisiones y contribuyendo a la construcción de una economía baja en carbono. Sin embargo, también hay críticas al mercado de carbono, que apuntan a que puede ser manipulado por las empresas y que, en algunos casos, podría no estar promoviendo una reducción real de emisiones.

Valorar el medio ambiente con mecanismos tradicionales de mercado fue el tema de una conferencia promovida por la Fundación alemana Heinrich Böll Brasil, en Río de Janeiro, a finales de octubre de 2022. Los ponentes argumentaron que la lógica de la economía verde, basada en métricas de carbono, causa más daño que bien al medio ambiente y a los ciudadanos del planeta.

El coautor del libro Crítica de la economía verde, el investigador alemán Thomas Fatheuer, declaró en el encuentro que los métodos utilizados hasta ahora para reducir las emisiones no han conseguido frenar la devastación de los bosques ni la contaminación. "Y siguen impulsando el uso de tecnologías riesgosas y dañinas, como la energía nuclear, bajo el argumento de que emiten menos carbono. "Un estudio reciente sugiere que más del 60% de la producción mundial de aceite de palma se quema como combustible; en Indonesia se queman bosques para reducir las emisiones en Europa", dijo.

"Los caminos para reducir las emisiones de CO^2 los está trazando el mercado y no los ciudadanos. "Éste es el gran defecto de la economía verde", afirmó Fatheuer. Una de las soluciones al problema, argumentó, es la apertura de espacios políticos a los ciudadanos para evitar las violaciones y distorsiones causadas por la codicia corporativa y la mayor democratización de la riqueza, para que la economía vuelva a servir a los seres humanos, y no al revés".

La investigadora de la Universidad Federal Rural de Río de Janeiro Camila Moreno, coautora del libro La métrica del carbono:

abstracciones globales y epistemicidio ecológico, destacó que, a lo largo de los años, se construyó un discurso que acabó justificando y naturalizando la métrica del carbono en el mundo.

"La métrica del carbono es una ficción simplificadora y despolitizadora. Niega las diferentes formas de conocimiento que dan sentido a la existencia de los pueblos y culturas en el mundo. "La racionalidad científica aísla las contradicciones en las distintas partes del mundo, en los ecosistemas, en las cadenas alimentarias, en las relaciones sociales y de poder, en las religiones, aísla todo eso en un ambiente aséptico, creando unidad en el mundo", afirmó, defendiendo que la ciencia no está libre de ideologías.

"Es posible en la página web de la aerolínea pagar un poco más para neutralizar el viaje a Europa. La sociedad de consumo y los privilegios no se cuestionan. Necesitamos cuestionar esta teoría simplista que ve la naturaleza como una máquina. Sabemos cómo se produce, se financia y se controvierte la ciencia. "La ciencia es el vértice desde el que se ejerce el poder real en la sociedad actual", añadió.

Según Agência Brasil, otro aspecto negativo de este mercado, según grupos críticos de la economía verde, es la expansión de los monocultivos. El agrónomo Luiz Zarref, de la coordinación del Movimiento de los Trabajadores Sin Tierra (MST), lamentó la cantidad de tierra ocupada por árboles de rápido crecimiento, como el eucalipto genéticamente modificado, que terminan destruyendo miles de hectáreas de tierra, debido a la gran cantidad de agua que retiran del suelo.

Según Zarref, los principales movimientos sociales del campo entienden que la agroecología –la agricultura desde la perspectiva de un ecosistema sustentable– es la única posibilidad para la reproducción del campesinado y la producción de alimentos a gran escala. "Necesitamos garantizar la soberanía alimentaria, qué queremos producir, dónde y cuándo. Necesitamos una reforma agraria y alimentos saludables para las ciudades".

La plantación de árboles exóticos, como el eucalipto, según el

Ministerio de Medio Ambiente, secuestra dióxido de carbono de la atmósfera y proporciona una fuente de carbón renovable y carbono neutral. El secretario de Cambio Climático y Calidad Ambiental del Ministerio de Ambiente, Everton Lucero, informó que el gobierno quiere incentivar esta actividad económica en el país. "Es un sector que valora los recursos naturales y el bosque y tiene un gran potencial para contribuir a alcanzar las metas de reducción de carbono al 2025 y 2030", afirmó. "Las empresas que trabajan en esta zona se estructuran con un ciclo largo de cultivo y estructuran la siembra considerando áreas de preservación, corredores ecológicos y el mantenimiento de la vegetación nativa".

En opinión del secretario, el modelo de desarrollo debe cambiar, pero una economía baja en carbono sólo se logrará en el largo plazo. "Por lo tanto, necesitamos una estrategia que valore los recursos ambientales y fomente el uso de energías renovables para reemplazar los combustibles fósiles", dijo.

Para el secretario ejecutivo del Observatorio del Clima, Carlos Hittl, la métrica del carbono ha sido de gran utilidad como indicador y diagnóstico de la problemática. "Analizamos la concentración de gases de efecto invernadero en la atmósfera utilizando métricas de carbono. Así como las muestras de hielo de la Antártida nos permiten rastrear la historia de cientos de miles de años de la concentración de estos gases en la masa de hielo. La métrica del carbono nos permite decir que en al menos 4 millones de años nunca ha habido tanta concentración de carbono en la atmósfera como hoy", recordó.

> "Es necesario cambiar los patrones actuales de producción y consumo. Lamentablemente, no cambiaremos los fundamentos del capitalismo con todos sus efectos perversos a tiempo para resolver el problema del cambio climático. Tenemos seis años y dos tercios de posibilidades de limitar el calentamiento global a 1,5 grados. "Necesitamos cambiar drásticamente esa trayectoria", dijo Hitt.

El director ejecutivo del Instituto de Investigación Ambiental de la Amazonia (Ipam), André Guimarães, argumentó que el hecho de que existan malos proyectos no hace inviable la idea original de negociar créditos de carbono. "Necesitamos separar la forma del contenido. "Realmente hay que mejorar la forma, ser transparente, no debe ser un proyecto impuesto desde arriba hacia abajo", dijo. "Hay que combatir el mal uso del dinero, la apropiación de los derechos de las poblaciones tradicionales, pero preservar el bosque y el desarrollo sostenible cuesta dinero. Si la forma es incorrecta, mejoremos la forma, pero no dejemos de invertir".

Según Agência Brasil, la presidenta del Panel Brasileño sobre Cambio Climático (PBMC), Suzana Kahn, cree que el mercado de carbono puede ser muy útil si no prioriza sólo la reducción de carbono. "Es interesante encarecer el proceso de producción que utiliza carbono. Pero es necesario crear una serie de condiciones, determinar los proyectos elegibles para ingresar al mercado y mecanismos de control efectivos", dijo.

El único consenso aparente es que la justicia social y una democracia fuerte son los caminos más seguros hacia el desarrollo sostenible. "Si no mejoramos nuestra democracia, con una reforma política integral, seguiremos discutiendo, debatiendo, y todos perderemos. "Y aquellos que siempre se han beneficiado de la explotación depredadora de los recursos naturales seguirán beneficiándose", observó Carlos Hittl.

GEOPOLÍTICA Y ECONOMÍA VERDE

La economía verde surge como un paradigma económico que busca conciliar el crecimiento económico con la sostenibilidad ambiental y la equidad social. Este modelo propone una transición hacia sistemas productivos que valoren y gestionen eficientemente los recursos naturales, minimizando los impactos ambientales y promoviendo el desarrollo socioeconómico de manera integral. En este contexto, la economía verde no sólo responde a los desafíos ambientales globales, como el cambio climático y la pérdida de biodiversidad, sino que también se posiciona como una estrategia para reducir los conflictos geopolíticos relacionados con la escasez de recursos y las desigualdades socioeconómicas.

Principios y fundamentos de la economía verde

La economía verde se basa en principios de sostenibilidad y responsabilidad socioambiental, que orientan la adopción de prácticas y políticas capaces de promover la innovación y la eficiencia en los sectores productivos. Entre sus pilares destacan los siguientes:

1. Valoración de los recursos naturales: La economía verde reconoce los recursos naturales como activos finitos y esenciales para el bienestar humano, promoviendo su gestión responsable y

uso eficiente. Esto incluye la conservación de los ecosistemas, la protección de la biodiversidad y la reducción de la huella ecológica de las actividades humanas.

2. Tecnologías limpias y renovables: La transición a fuentes de energía renovables como la solar, la eólica y la hidroeléctrica y la adopción de tecnologías bajas en carbono son fundamentales para la economía verde. Estas prácticas tienen como objetivo reducir la dependencia de los combustibles fósiles y mitigar las emisiones de gases de efecto invernadero.

3. Reducción de la contaminación y gestión de residuos: La economía verde enfatiza la importancia de los sistemas de producción que minimizan la generación de residuos y promueven el reciclaje y la reutilización de materiales. La gestión responsable de los residuos sólidos y líquidos es esencial para evitar la contaminación del suelo, el agua y la atmósfera.

4. Inclusión social y equidad: Uno de los objetivos centrales de la economía verde es promover un desarrollo económico más justo e inclusivo, asegurando que los beneficios generados se distribuyan equitativamente entre las comunidades. Esto incluye la creación de empleos verdes, el fortalecimiento de las economías locales y la reducción de las desigualdades socioeconómicas.

La economía verde como respuesta al cambio climático

El cambio climático representa uno de los mayores desafíos globales del siglo XXI, con impactos significativos en los ecosistemas, la economía y la sociedad. La economía verde surge como una respuesta estratégica a estos desafíos, proponiendo la descarbonización de las actividades productivas y la adopción de prácticas sostenibles que reduzcan la vulnerabilidad de las poblaciones a los efectos del cambio climático. La transición a una economía baja en carbono no sólo contribuye a la mitigación del cambio climático, sino que también fortalece la resiliencia de los países y las comunidades ante fenómenos extremos como sequías, inundaciones y tormentas.

Además, la economía verde busca evitar conflictos geopolíticos relacionados con la competencia por recursos naturales escasos, como el agua, la tierra fértil y los minerales estratégicos. Al promover la gestión sostenible de estos recursos, este modelo económico reduce las tensiones entre las naciones y contribuye a la estabilidad global.

Desafíos y oportunidades de la economía verde

La implementación de la economía verde enfrenta desafíos importantes, como la necesidad de inversiones en infraestructura sostenible, una transición justa para los trabajadores afectados por el cambio de paradigma y la superación de la resistencia política y económica. Sin embargo, también ofrece oportunidades únicas como:

1. Innovación y competitividad: La adopción de tecnologías limpias y prácticas sostenibles puede impulsar la innovación y aumentar la competitividad de las economías en el escenario global.

2. Creación de empleos verdes: La economía verde tiene el potencial de crear millones de empleos en sectores como la energía renovable, la agricultura sostenible y la gestión de residuos.

3. Reducción de las desigualdades: Al promover la inclusión social y la distribución equitativa de los beneficios económicos, la economía verde puede contribuir a reducir las desigualdades socioeconómicas.

4. Protección de los ecosistemas: valorar los recursos naturales y proteger la biodiversidad son esenciales para garantizar la sostenibilidad a largo plazo.

La economía verde representa un enfoque innovador y necesario para abordar los desafíos ambientales, económicos y sociales del siglo XXI. Al integrar principios de sostenibilidad, equidad y eficiencia, este modelo económico ofrece un camino viable para promover el desarrollo socioeconómico sin comprometer los recursos naturales y el bienestar de las generaciones futuras. Sin embargo, su implementación requiere del compromiso de los gobiernos, el sector privado y la sociedad civil, además de políticas públicas robustas y mecanismos de cooperación internacional. La transición hacia una economía verde no es sólo una oportunidad, sino una necesidad urgente para garantizar la sostenibilidad del planeta y la estabilidad geopolítica global.

CONSIDERACIONES FINALES

Al concluir el trabajo "La geopolítica del agua: una mirada geográfica al tema", queda claro que el agua es un recurso cada vez más escaso, valioso y disputado en el escenario global. Su importancia trasciende las fronteras nacionales, influyendo en las relaciones diplomáticas, económicas y sociales. La escasez de agua, agravada por el cambio climático, el crecimiento poblacional y la expansión de las actividades humanas, ha incrementado los conflictos entre países, estados y comunidades locales, además de generar tensiones políticas y sociales en diversas regiones del mundo.

El agua es un elemento esencial para la vida en la Tierra y un pilar fundamental para el desarrollo económico. Su disponibilidad es crucial para la seguridad alimentaria, la producción de energía, el mantenimiento de la salud pública y el bienestar de las poblaciones. En vista de ello, la gestión sostenible de los recursos hídricos y la promoción de la cooperación internacional son imperativas para garantizar el acceso equitativo y la disponibilidad de agua para todos, tanto ahora como en el futuro.

El agua es un recurso interdependiente y transfronterizo, cuya gestión requiere tener en cuenta las necesidades e intereses de todas las partes implicadas. Las cuencas fluviales compartidas, los acuíferos transfronterizos y los ecosistemas acuáticos interconectados exigen enfoques colaborativos e integrados. La falta de cooperación entre países que comparten recursos hídricos puede dar lugar a disputas geopolíticas, como las observadas en el río Nilo, el río Jordán y el río Indo, donde la competencia por el control del agua ha generado tensiones duraderas.

En este contexto, la creación de acuerdos internacionales e instituciones multilaterales es esencial para promover una gestión justa y sostenible del agua. Ejemplos como el Tratado de las Aguas del Río Indo (1960) entre India y Pakistán y la Convención de las Naciones Unidas sobre Cursos de Agua Transfronterizos (1997) demuestran que la diplomacia puede ofrecer soluciones a los conflictos sobre el agua. Sin embargo, la implementación efectiva de estos acuerdos depende de la voluntad política, la transparencia y el compromiso de todos los actores involucrados.

La gestión sostenible del agua enfrenta desafíos importantes, como la contaminación de ríos y acuíferos, la sobreexplotación de los recursos hídricos y los impactos del cambio climático. Sin embargo, también presenta oportunidades para la innovación y la cooperación. Las inversiones en reutilización de agua, desalinización y tecnologías de riego eficiente, combinadas con la adopción de políticas públicas que promuevan la conservación y el uso racional del agua, son esenciales para enfrentar los desafíos actuales.

Además, la inclusión de las comunidades locales, las organizaciones no gubernamentales y el sector privado en el proceso de toma de decisiones es crucial para garantizar que las políticas de gestión del agua sean equitativas y adaptadas a las realidades locales. La educación ambiental y la concientización sobre la importancia del agua también juegan un papel central en la construcción de sociedades más sostenibles y resilientes.

La cooperación internacional es un elemento clave para garantizar la seguridad hídrica mundial. En un mundo cada vez más interconectado, los desafíos relacionados con el agua no pueden abordarse de forma aislada. Crear plataformas de diálogo, compartir tecnologías y movilizar recursos financieros son acciones esenciales para promover la gestión sostenible del agua y prevenir conflictos.

Las organizaciones internacionales, como las Naciones Unidas (ONU) y la Organización para la Cooperación y el Desarrollo Económicos (OCDE), desempeñan un papel clave a la hora de facilitar estos esfuerzos. Además, iniciativas como los Objetivos de Desarrollo Sostenible (ODS), en particular el ODS 6, que apunta a garantizar la disponibilidad y la gestión sostenible del agua y el saneamiento para todos, proporcionan un marco global para orientar las acciones nacionales e internacionales.

La geopolítica del agua es una cuestión central para el futuro de la humanidad, con profundas implicaciones para la seguridad, la economía y el medio ambiente. La escasez de agua y los conflictos relacionados con el agua plantean desafíos importantes, pero también ofrecen oportunidades para la cooperación, la innovación y la construcción de un futuro más sostenible. La gestión equitativa y sostenible de los recursos hídricos, combinada con la promoción del diálogo y la cooperación internacionales, es esencial para garantizar que el agua siga siendo un recurso disponible y accesible para las generaciones presentes y futuras.

En un mundo marcado por la incertidumbre climática y las presiones socioeconómicas, el agua surge no sólo como un recurso vital, sino también como un símbolo de unidad y colaboración. Depende de todos los actores globales (gobiernos, empresas, organizaciones de la sociedad civil y personas) asumir la responsabilidad de proteger y gestionar este preciado recurso, garantizando que sea un legado de vida y prosperidad para las generaciones futuras.

REFERENCIAS BIBLIOGRÁFICAS

Agencia Brasil: https://agenciabrasil.ebc.com.br/geral/noticia/2016-11/mercado-de-carbono-de-licencia-aos-mas-ricos-para-poluir-afirmam>Acceso; 20 de febrero de 2023.

ACERCA DEL AUTOR

José Ruiz Watzeck

Periodista, Escritor, Autor, Físico, Geógrafo, Matemático, Historiador, Profesor Universitario, Neuropsicopedagogo, Especialista en Enseñanza Superior, Postgraduado en Auditoría, Gestión y Licencias Ambientales, Postgraduado en Geoprocesamiento y Georreferenciación, Pedagogo, especialista en Astronomía y Astrofísica.